죽을만큼 순종하라

죽을만큼 순종하라

저자 앤드류 머레이
역자 임종원

초판 1쇄 발행 2016. 2. 17.
개정판 1쇄 발행 2018. 2. 6.
개정판 5쇄 발행 2023. 1. 5.

발행처 도서출판 브니엘
발행인 권혁선

등록번호 서울 제2006-50호
등록일자 2006. 9. 11.

서울특별시 송파구 백제고분로28길 25 B101호 (05590)
마케팅부 02)421-3436
편집부 02)421-3487
팩시밀리 02)421-3438

ISBN 979-11-86092-60-6 03230

독자의견 02)421-3487
이메일 editorkhs@empal.com

북카페 주소 cafe.naver.com/penielpub.cafe
인스타그램 @peniel_books

도서출판 브니엘은 독자들의 원고를 설레는 마음으로 기다리고 있습니다.
위의 이메일로 간단한 기획 내용 및 원고, 연락처 등을 보내주십시오.

도서출판 브니엘은 갓구운 빵처럼 항상 신선한 책만을 고집합니다.

죽을만큼
순종하라

앤드류 머레이 지음 | 임종원 옮김

The Best collection
of Andrew Murray

우리의 은혜로우신 하나님 아버지께서 세상의 미래를 양 어깨에 짊어진 젊은이들에게 든든한 가르침과 새로운 힘을 불어넣기 위해 나를 기쁘게 사용하신다면 더 없이 좋겠다는 간절한 마음으로 이 글을 쓴다. "한없는 은혜의 하나님이 이 땅의 모든 젊은이를 넉넉히 축복해주소서!"

흔히 어떤 사람이 자신을 온통 사로잡았던 진리의 의미와 중요성을 제대로 깨닫기 시작하는 것은 바로 어떤 글을 다 쓰고 난 이후에야 비로소 벌어지는 일이다. 지금 이 순간 나는 하늘에 계신 우리 아버지에 대한 완전한 순종의 영적인 특징, 불가피한 필요성, 거룩하고 실질적인 가능성, 그리고 도저히 상상조차 할 수 없는 축복들을 완전히 움켜잡지도, 제대로 설명하지도 못한 것 같다. 그러므로 여기서 나에게 특별한 영향을 끼친 주요 요점들을 간단히 요약하면서 예수님의 순종 안에서 점차 자라가는 동안 모든 독자가 배워야 할 중요한 교훈으로써 그것들을 주목하도록 요청하고자 한다.

하늘에 계신 우리 아버지는 그분의 모든 자녀가 그분께 온 마음을 다해 순종하기를 기대하신다. 그분의 자녀들이 이렇게 순종하도록 하기 위해 하나님은 새 언약의 약속과 더불어 그분의 아들과 성령을 통해 넉넉히 충분하게 섭리하고 계신다. 우리의 영혼은 하나님의 섭리를 누릴 수 있으며, 하나님의 임재가 자기 안에서 날마다 역사할 때 성취되는 약속들을 지켜볼 수 있다.

이와 같은 삶으로 들어가기 위해서는 절대적인 순종의 서약이 필요하다. 새로운 그리스도인은 오직 하나님의 뜻에 부합하는 것만을 생각하고, 말하고, 행하고, 되도록이면 자신의 모든 존재를 기꺼이 순복하는 데 동의한다. 그러나 이런 것들은 현실이기 때문에 단순히 거기에 동의하는 것만으로는 충분하지 못하다. 우리는 행위로써 순종을 보여야 한다. 이때 우리에게는 하나님이 우리를 위해 기꺼이 행하시는 모든 일을 전적으로 받아들일 수 있도록 돕는 성령이 필요하다.

　이 성령은 우리에게 영광스럽고 거룩한 능력에 관한 비전을 허락하신다. 그렇기에 우리는 성령의 조명하심을 통해 하나님이 우리를 향한 그분의 사랑스럽고 전능하신 뜻을 보여달라고 기도해야 한다. 우리가 천상의 비전에 무조건 순종할 수 있도록 말 없는 탄식으로 우리를 도와달라고 간절히 기도해야 한다.

글쓴이 앤드류 머레이

죽을만큼 순종하라

순종은 행위로써 보이는
-------------------------------- 믿음의 시작이다

01

순종은 운명을 결정짓는
유일한 요소이다

여호와께서 번제와 다른 제사를 그의 목소리를 청종하는 것을 좋아하심같이 좋아하시겠나이까. 순종이 제사보다 낫고 듣는 것이 숫양의 기름보다 나으니 이는 거역하는 것은 점치는 죄와 같고 완고한 것은 사신 우상에게 절하는 죄와 같음이라. 사무엘상 15:22-23.

그리스도인의 삶에 관한 어떤 특별한 진리를 연구하면서 성경 전반에 걸쳐 나오는 특정한 단어나 그 단어의 위치나 문맥을 조심스럽게 살펴보는 일은 항상 우리에게 커다란 도움을 준다. 그 단어가 어디에 사용되었는지, 얼마나 자주 사용되었는지,

그리고 거기에 어떤 연관성이 있는지를 살펴본다면 우리는 그 단어가 얼마나 적절하게 사용되었으며, 또 그 단어가 상대적으로 얼마나 중요한지를 이해할 수 있게 된다. 이처럼 우리가 성경에서 '순종'이라는 단어에 관해 연구하기 위해서는 먼저 순종에 관한 하나님의 생각을 발견할 수 있는 다양한 문맥의 성경말씀을 묵상할 필요가 있다.

먼저 우리는 성경을 전체적으로 살펴보아야 한다. 태초에 낙원이나 다름없었던 에덴동산에서부터 한 번 순종에 관한 이야기를 시작해보자. 그곳은 성도들이 영생을 누리면서 하나님과 더불어 영원히 머물게 될 곳으로 언급되고 있다. 창세기 2장 16절에서 우리는 다음과 같은 말씀을 만난다. "여호와 하나님이 그 사람에게 명하여 이르시되." 그리고 잠시 뒤에는 "내가 네게 먹지 말라 명한 그 나무 열매를 네가 먹었느냐"(창 3:11)는 말씀이 나온다.

자, 그렇다면 왜 이 명령에 대한 순종이 에덴동산의 유일한 미덕이며, 거기에 사람이 머물 수 있는 유일한 조건인지, 또한 창조주께서 사람에게 요구하시는 유일한 일인지를 주목하기 바란다. 믿음이나 겸손이나 사랑 같은 것은 전혀 언급되지 않았다. 오직 순종만이 그 모든 것을 덮었다. 하나님의 명령과 권위만큼이나 동일하게 숭고한 것이 바로 순종에 대한 요구이다. 그것은 인간의 운명을 결정짓는 유일한 요소이다. 이처럼 순종이야말로 인간에게 유일하게 요구되는 것이다.

그런데 아담과 하와는 선악을 알게 하는 나무의 열매를 먹음으로써 하나님께 불순종했다. 곧바로 두 사람은 선과 악 사이의 차이점을 이해하게 되었다. 두 사람은 자신들의 죄가 하나님을 노하게 만들었다는 사실도 알게 되었다. 그래서 에덴동산에서 숨었다. 그러나 하나님은 이미 두 사람이 자신에게 불순종했음을 알고 계셨다. 하나님은 낙원에서 벌어지는 불순종을 참으실 수가 없었다. "여호와 하나님이 에덴동산에서 그를 내보내어 그의 근원이 된 땅을 갈게 하시니라. 이같이 하나님이 그 사람을 쫓아내시고 에덴동산 동쪽에 그룹들과 두루 도는 불칼을 두어 생명나무의 길을 지키게 하시니라"(창 3:23-24).

하나님은 믿음이나 겸손, 또는 사랑에 대해서는 직접적으로 아무 말씀도 하지 않으셨다. 왜냐하면 순종에 이 모든 것이 포함되어 있기 때문이다. 순종에 대한 하나님의 요구는 하나님의 권위만큼이나 숭고하다. 순종은 인간의 삶에 유일한 필수적인 요소이다.

순종을 회복하라

하나님은 그분의 말씀 전체에서 순종이라는 주제를 전달하신다. 이제 성경 첫 부분에서 마지막 부분으로 관심을 돌려보자. 우리는 성경의 마지막 장에서 다음과 같은 말씀을 만난다. "자기 두루마기를 빠는 자들은 복이 있으니 이는 그들이 생명나무에 나아가며 문들을 통하여 성에 들어갈 권세를 받으려 함이로다"(계 22:14). 처음부터 끝까지, 잃어버린 낙원에서부터 다시 찾은 낙원에 이르기까지 하나님의 법은 전혀 변하지 않는다. 인간에게 생명나무와 하나님의 은혜로 나아갈 수 있도록 허락해주는 것은 오직 순종뿐이다.

아담과 하와의 불순종으로 말미암아 생명나무와 하나님의 은혜로 나아갈 수 있는 길이 닫혔었다. 그런데 도대체 인간이 어떻게 그리로 나아갈 수 있게 되었단 말인가? 그것은 바로 그리스도의 십자가를 통해서다. 생명나무로 나아가는 길을 닫아놓았던 태초의 불순종으로부터 거기로 다시 들어갈 수 있는 길을 열어놓았던 마지막 순종에까지 이르도록 처음과 마지막 사이의 중간에 위치해 있는 것이 바로 그리스도의 십자가이다.

로마서 5장 19절은 그리스도의 십자가를 통해 이루어진 일을 이렇게 묘사하고 있다. "한 사람이 순종하지 아니함으로 많은 사람이 죄인 된 것같이 한 사람이 순종하심으로 많은 사람이 의인이 되리라." 그리고 빌립보서 2장 7~9절은 이렇게 말씀한다. "오히려 자기를 비워 종의 형체를 가지사 사람들과 같이 되셨고 사람의 모양으로 나타나사 자기를 낮추시고 죽기까지 복종하셨으니 곧 십자가에 죽으심이라. 이러므로 하나님이 그를 지극히 높여 모든 이름 위에 뛰어난 이름을 주사." 또한 히브리서 5장 8~10절도 역시 참고하라. "그가 아들이시면서도 받으신 고난으로 순종함을 배워서 온전하게 되셨은즉 자기에게 순종하는 모든 자에게 영원한 구원의 근원이 되시고 하나님께 멜기세덱의 반차를 따른 대제사장이라 칭하심을 받으셨느니라."

우리는 이러한 구절들을 통해 그리스도의 전체적인 구속 사역이 순종을 제자리로 회복하는 사역임을 확인할 수 있다. 그리스도의 구원에 내포된 아름다움은 그리스도께서 우리를 순종의 삶으로 다시금 돌아가게 하는 것이다. 이를 통해 모든 피조물은 창조주에게 마땅한 영광을 돌릴 수 있게 된다. 또한 창조주가 피조물과 함께 나누기를 원하시는 영광을 받을 수 있는 것도 바로 이와 같은 방식을 통해서다.

낙원, 갈보리, 천국과 같은 것들은 모두 한 목소리로 선포한다. "하나님의 자녀들아, 너희 하나님이 너희에게 요구하는 처음이자 마지막 일은 단순하고 보편적이며, 결코 변하지 않는 순종이란다."

구약성경에서 나오는 순종의 모습

자, 이제 구약성경으로 눈길을 한 번 돌려보자. 하나님 나라의 역사에서 어떤 새로운 시작과 더불어 어떻게 순종이 항상 특별하게 두드러졌는지를 주목해보기 바란다. 인류의 새로운 아버지인 노아에 관해서 이야기하자면 사실상 노아는 하나님이 자기에게 명하신 대로 다 준행한 사람이다. "노아가 그와 같이 하여 하나님이 자기에게 명하신 대로 다 준행하였더라"(창 6:22). 성경은 노아의 순종을 네 번씩이나 언급한다. 하나님은 자신이 명령한 것을 준행하는 사람에게 그분의 일을 맡기신다. 하나님은 순종하는 사람을 사용하여 그분의 백성을 구원하실 것이다.

이제 선택받은 민족의 조상인 아브라함에 관해 생각해보자. "믿음으로 아브라함은 부르심을 받았을 때에 순종하여 장래의 유업으로 받을 땅에 나아갈새 갈 바를 알지 못하고 나아갔으며"(히 11:8). 하나님은 아브라함에게 순종하는 마음이 있었음을 알았기에 아브라함을 선택받은 민족의 조상으로 삼으셨다. 아브라함이 그와 같은 믿음과 순종학교에서 40년의 세월을 보냈을 때 하나님은 아브라함의 믿음을 온전하게 하여 최고로 충만한 하나님의 축복으로 면류관을 씌우기 위해 찾아오셨다.

이를 위해서 아브라함은 최고의 순종 행위 이외에는 다른 아무것도 준비할 것이 없었다. 아브라함이 자기의 아들 이삭을 제단에 묶었을 때 하나님이 아브라함에게 찾아오셔서 이렇게 말씀하셨다. "내가 나를 가리켜 맹세하노니 네가 이같이 행하여 네 아들 네 독자도 아끼지 아니하였은즉 내가 네게 큰 복을 주고 네 씨가 크게 번성하여 하늘의 별과 같고 바닷가의 모래와 같게 하리니 네 씨가 그 대적의 성문을 차지하리라. 또 네 씨로 말미암아 천하 만민이 복을 받으리니"(창 22:16-18).

이 축복은 이삭에게도 그대로 계속되었다. "이 땅에 거류하면 내가 너와 함께 있어 네게 복을 주고 내가 이 모든 땅을 너와 네 자손에게 주리라. 내가 네 아버지 아브라함에게 맹세한 것을 이루어 네 자손을 하늘의 별과 같이 번성하게 하며 이 모든 땅을 네 자손에게 주리니 네 자손으로 말미암아 천하 만민이 복을 받으리라. 이는 아브라함이 내 말을 순종하고 내 명령과 내 계명과 내 율례와 내 법도를 지켰음이라"(창 26:3-5).

순종이 하나님의 눈에 얼마나 말할 수 없는 기쁨을 가져다주는지에 관해 도대체 언제 우리가 제대로 깨달을 수 있겠는가! 하나님이 순종으로 말미암아 우리에게 허락하시는 보상이 얼마나 큰지를 도대체 언제 알아차릴 수 있겠는가! 온 세상에 축복을 전하는 유일한 방법은 순종의 사람이 되는 것이다. 우리는 하나님과 세상으로 하여금 이 한 가지 특징 때문에 우리를 알아보도록 해야 한다. 곧 하나님의 뜻에 완전히 순복하는 의지 말이다. 아브라함의 발자취를 따라 걸어가겠다고 고백하는 모든 사람은 이와 같은 방식으로 순종의 길을 걸어가야 한다.

시내산에 올라간 모세를 한 번 찾아가보자. 하나님은 모세에게 이스라엘 백성들을 위한 메시지를 전달하셨다. "세계가 다 내게 속하였나니 너희가 내 말을 잘 듣고 내 언약을 지키면 너희는 모든 민족 중에서 내 소유가 되겠고 너희가 내게 대하여 제사장 나라가 되며 거룩한 백성이 되리라"(출 19:5-6). 그 모든 일의 속성상 다른 방법으로는 그렇게 될 수 없었다. 이스라엘 백성들을 향한 하나님의 거룩한 뜻은 그분의 영광과 완전함이었다. 오직 하나님의 뜻에 순종함으로써 그분의 백성이 될 수 있었다.

하나님이 친히 머물고 계셨던 지성소를 세우는 과정을 한 번 생각해보자. 출애굽기 마지막 세 장에서 우리는 다음과 같은 표현을 열아홉 번이나 만난다. "모세가 그같이 행하되 곧 여호와께서 자기에게 명령하신 대로 다 행하였더라"(출 40:16). 모세가 하나님께 순종했기 때문에 "여호와의 영광이 성막에 충만했다"(출 40:34).

또다시 우리는 레위기 8장과 9장에서 제사장과 성막을 성별하는 것과 관련해서 동일한 표현을 거듭 되풀이하여 만난다. 거기에서는 이렇게 말씀하신다. "여호와의 영광이 온 백성에게 나타나며 불이 여호와 앞에서 나와 제단 위의 번제물과 기름을 사른지라. 온 백성이 이를 보고 소리 지르며 엎드렸더라"(레 9:23-24).

앞에서 언급한 여러 가지 말씀보다 더 명료하게 순종에 따른 하나님의 영광을 설명할 수는 없을 것이다. 하나님은 자기 백성들의 순종 가운데 머물기를 기뻐하시며 한없는 은혜와 임재로 그와 같은 순종에 면류관을 씌워주신다.

40년 동안 광야에서 헤매면서 순종의 열매에 대한 끔찍한 계시를 받은 이후에야 비로소 이스라엘 백성들은 새롭게 시작할 준비가 되었다. 이스라엘 백성들이 이제 막 가나안 땅으로 들어가려는 순간이었다. 신명기를 한 번 읽어보면서 가나안 땅을 바라보며 모세가 말한 모든 말씀을 살펴보라. 그러면 그 당시의 이스라엘 민족에 대해 묘사하는 가운데 신명기에서는 너무나 자주 '순종하다'(obey)라는 단어를 사용하고 있으며, 순종이 확실하게 가져다주는 축복에 대해 너무나 많이 언급하고 있음을 알게 될 것이다.

이와 같은 전체적인 개념이 다음 말씀에 정확하게 묘사되어 있다. "내가 오늘 복과 저주를 너희 앞에 두나니 너희가 만일 내가 오늘 너희에게 명하는 너희의 하나님 여호와의 명령을 들으면 복이 될 것이요, 너희가 만일 내가 오늘 너희에게 명령하는 도에서 돌이켜 떠나 너희의 하나님 여호와의 명령을 듣지 아니하고 본래 알지 못하던 다른 신들을 따르면 저주를 받으리라"(신 11:26-28).

그렇다. "하나님 여호와의 명령을 들으면 복이 될 것이요"라는 사실은 복 있는 삶을 살기 위한 가장 중요한 원칙이다. 에덴 동산과 마찬가지로 가나안을 비롯하여 낙원 같은 천국에서도 역시 순종할 경우에만 축복의 장소로 바뀔 수 있을 것이다. 오, 우리가 이와 같은 순종의 삶을 제대로 붙잡는다면 정말로 얼마나 멋지겠는가!

　그러나 어떤 축복을 누리기 위해서는 오직 깨어서 기도하는 수밖에 없다. 우리는 먼저 순종의 삶을 추구해야 한다. 그러면 하나님이 그런 축복의 삶을 허락하실 것이다. 그러므로 우리가 그리스도인으로서 끊임없이 해야 할 질문은 "도대체 어떻게 내가 하나님께 완전히 순종하고 전적으로 하나님을 기쁘시게 할 수 있을까"여야 한다.

사울 왕의 불완전한 순종

다시금 순종은 이스라엘에서 왕들을 임명하는 과정에서도 굉장히 중요한 역할을 했다. 사울 왕의 이야기에서 우리는 하나님이 그분의 백성을 다스릴 통치자로 세우려는 사람에게 요구되는 정확하고 완전한 순종에 관한 가장 준엄한 경고를 만난다. 사울은 선지자 사무엘이 내려가서 희생 제사를 드리고 사울에게 무엇을 해야 할지 보여줄 때까지 7일 동안 가만히 기다리고 있으라는 명령을 받았다. "너는 나보다 앞서 길갈로 내려가라. 내가 네게로 내려가서 번제와 화목제를 드리니 내가 네게 가서 네가 행할 것을 가르칠 때까지 칠 일 동안 기다리라"(삼상 10:8). 그러나 사무엘이 늦게 내려오자, 사울은 자신이 직접 희생 제사를 드렸다. "사울은 사무엘이 정한 기한대로 이레 동안을 기다렸으나 사무엘이 길갈로 오지 아니하매 백성이 사울에게서 흩어지는지라. 사울이 이르되 번제와 화목제물을 이리로 가져오라 하여 번제를 드렸더니 번제 드리기를 마치자 사무엘이 온지라. 사울이 나가 맞으며 문안하매"(삼상 13:8-10).

마침내 사무엘이 도착해서 사울에게 이렇게 말한다. "왕이 망령되이 행하였도다. 왕이 왕의 하나님 여호와께서 왕에게 내리신 명령을 지키지 아니하였도다. 그리하였더라면 여호와께서 이스라엘 위에 왕의 나라를 영원히 세우셨을 것이거늘 지금은 왕의 나라가 길지 못할 것이라. 여호와께서 왕에게 명령하신 바를 왕이 지키지 아니하였으므로 여호와께서 그의 마음에 맞는 사람을 구하여 여호와께서 그를 그의 백성의 지도자로 삼으셨느니라"(삼상 13:13-14). 하나님은 순종하지 않는 사람을 영화롭게 하지 않으신다.

사울은 자기 마음속에 있는 것들을 하나님께 보여줄 수 있는 두 번째 기회를 가졌다. 하나님은 사울을 보내 아말렉 족속에 대한 심판을 실행하려고 계획하셨다. 사울은 이 일에 순종하였다. 그래서 2만 명의 군사를 모아 광야로 행군하여 아말렉을 물리쳤다. 그러나 하나님은 "지금 가서 아말렉을 쳐서 그들의 모든 소유를 남기지 말고 진멸하되 남녀와 소아와 젖 먹는 아이와 우양과 낙타와 나귀를 죽이라"(삼상 15:3)고 사울에게 명령하셨다.

하지만 사울은 "아말렉 사람의 왕 아각을 사로잡고 칼날로 그의 모든 백성을 진멸하였으되 사울과 백성이 아각과 그의 양과 소의 가장 좋은 것 또는 기름진 것과 어린양과 모든 좋은 것을 남기고 진멸하기를 즐겨 아니하고 가치 없고 하찮은 것"(삼상 15:8-9)만 진멸하는 행위로 하나님의 말씀에 순종하지 않았다.

그래서 하나님은 사무엘에게 이렇게 말씀하셨다. "내가 사울을 왕으로 세운 것을 후회하노니 그가 돌이켜서 나를 따르지 아니하며 내 명령을 행하지 아니하였음이니라"(삼상 15:11). 사무엘이 오자 사울 왕은 이렇게 인사를 건넸다. "당신은 여호와께 복을 받으소서. 내가 여호와의 명령을 행하였나이다. …나는 실로 여호와의 목소리를 청종하여 여호와께서 보내신 길로 가서 아말렉 왕 아각을 끌어 왔고 아말렉 사람들을 진멸하였으나"(삼상 15:13,20).

많은 사람들이 생각하는 것처럼 사울이 하나님의 명령에 순종하기는 했다. 그러나 사울의 순종은 완전하지 못했다. 하나님은 "그들의 모든 소유를 남기지 말고 진멸하되"(삼상 15:3)라고 말씀하시면서 정확하고 완전한 순종을 요구하셨다. 그럼에도 사울은 정확히 그대로 순종하지 않았다. 사울은 하나님께 희생 제사를 드리기 위해 가장 좋은 가축 떼를 남겨놓았다.

그래서 사무엘은 이렇게 꾸짖는다. "여호와께서 번제와 다른 제사를 그의 목소리를 청종하는 것을 좋아하심같이 좋아하시겠나이까. 순종이 제사보다 낫고 듣는 것이 숫양의 기름보다 나으니 이는 거역하는 것은 점치는 죄와 같고 완고한 것은 사신 우상에게 절하는 죄와 같음이라. 왕이 여호와의 말씀을 버렸으므로 여호와께서도 왕을 버려 왕이 되지 못하게 하셨나이다"(삼상 15:22-23). 순종을 대체할 만한 것은 아무것도 없다.

이것은 대다수 사람들이 범하는 순종의 슬픈 본보기이다. 이런 순종은 부분적으로 하나님의 명령을 수행하기는 하지만, 그럼에도 그것은 여전히 하나님이 요구하시는 전적인 순종이 아니다! 하나님은 모든 죄와 불순종에 대해서도 동일하게 말씀하신다. "그들의 모든 소유를 남기지 말고 진멸하되"(삼상 15:3).

하나님이 우리에게 요구하시는 모든 것을 정말 제대로 수행하고 있는지, 하나님의 뜻과 완벽하게 조화를 이루지 못하는 모든 것을 완전히 파괴하면서 우리 안에 하나도 남겨두고 있지 않는지의 여부를 분명히 드러내야 한다. 하나님을 만족시킬 수 있는 것은 오직 아무리 세세한 부분이라 할지라도 온 마음을 다해 순종하는 것뿐이다. 그에 미치지 못하는 어떤 것도 하나님을 만족시키지 못한다. 그러므로 우리는 하나님이 "네가 나의 말을 버렸도다"(삼상 15:26 참조)라고 말씀하시는데도 불구하고 스스로 "나는 순종하였다"라고 엉터리로 말하지 않도록 조심해야 한다.

순종에 따라오는 여러 가지 축복들

구약성경에서 순종이라는 단어를 좀 더 찾아보자. 신명기 다음으로 예레미야서가 "순종하다"라는 말을 가장 많이 사용한 책이다. 그런데 여기에서는 이스라엘 백성들이 하나님께 순종하지 않고 불평만 늘어놓는 것이 대부분이다. 이런 사실을 살펴보는 일은 참으로 슬픈 일이다.

하나님은 이 단락에서 이스라엘 조상들을 다루시는 온갖 내용들을 요약해 놓고 계신다. "사실은 내가 너희 조상들을 애굽 땅에서 인도하여 낸 날에 번제나 희생에 대하여 말하지 아니하며 명령하지 아니하고 오직 내가 이것을 그들에게 명령하여 이르기를 너희는 내 목소리를 들으라. 그리하면 나는 너희 하나님이 되겠고 너희는 내 백성이 되리라. 너희는 내가 명령한 모든 길로 걸어가라. 그리하면 복을 받으리라"(렘 7:22-23).

그러나 "그들이 순종하지 아니하며 귀를 기울이지도 아니하고 자신들의 악한 마음의 꾀와 완악한 대로 행하여 그 등을 내게로 돌리고 그 얼굴을 향하지 아니하였으며 너희 조상들이 애굽 땅에서 나온 날부터 오늘까지 내가 내 종 선지자들을 너희에게 보내되 끊임없이 보내었으나 너희가 나에게 순종하지 아니하며 귀를 기울이지 아니하고 목을 굳게 하여 너희 조상들보다 악을 더 행하였느니라"(렘 7:24-26).

그러므로 우리는 온갖 희생 제사가, 심지어 하나님의 사랑하는 독생자를 드리는 희생 제사조차도 단 한 가지보다 못한 부수적인 것임을 반드시 깨달아야 한다. 곧 모든 피조물이 완전한 순종을 회복하는 일이다. 만약 먼저 하나님의 음성에 순종하지 않으면 하나님이 "나는 네 하나님이 될 것이다"라고 말씀하실 때 우리는 그와 같은 하나님의 축복에 들어갈 수 없게 된다.

이제 신약성경을 한 번 살펴보자. 신약성경에서 우리는 즉각

적으로 복되신 우리 주 예수 그리스도께서 강조하신 순종의 중
요성을 마음에 떠올리게 된다. 예수님은 스스로 이 세상에 오
신 이유 가운데 하나로서 순종을 강조하셨다. 예수님은 이렇게
선포하시면서 이 세상에 오셨다. "보시옵소서. 내가 하나님의
뜻을 행하러 왔나이다"(히 10:9).

예수님은 항상 사람들에게 이렇게 고백하셨다. "내가 아무것
도 스스로 할 수 없노라. 듣는 대로 심판하노니 나는 나의 뜻대
로 하려 하지 않고 나를 보내신 이의 뜻대로 하려 하므로 내 심
판은 의로우니라"(요 5:30). 예수님이 행하시고 고난당하신 모
든 일, 심지어 죽음에 대해서조차도 그분은 "이를 내게서 빼앗
는 자가 있는 것이 아니라 내가 스스로 버리노라. 나는 버릴 권
세도 있고 다시 얻을 권세도 있으니 이 계명은 내 아버지에게서
받았노라"(요 10:18)고 말씀하셨다. 그분의 가르침 가운데 도처
에서 예수님은 제자가 되기를 원하는 모든 사람에게 자신이 하
나님 아버지께 보여드린 그와 같은 순종을 요구하신다는 사실
을 발견하게 된다.

예수님의 모든 사역 기간 동안 순종이야말로 구원의 바로 그
본질이라고 말씀하셨다. 산상수훈에서 예수님은 이와 같은 주
제로 말씀을 시작하셨다. "나더러 주여 주여 하는 자마다 다 천

국에 들어갈 것이 아니요 다만 하늘에 계신 내 아버지의 뜻대로 행하는 자라야 들어가리라"(마 7:21). 그리고 고별 강론에서도 역시 참된 순종의 영적인 성격을 멋지게 계시하셨다. 그 순종은 사랑으로 말미암아 탄생하고, 사랑을 통해 영감을 얻고, 하나님의 사랑으로 들어가는 문을 열어준다.

다음과 같은 멋진 말씀을 마음에 새겨두기 바란다. "너희가 나를 사랑하면 나의 계명을 지키리라. 내가 아버지께 구하겠으니 그가 또 다른 보혜사를 너희에게 주사 영원토록 너희와 함께 있게 하리니. …나의 계명을 지키는 자라야 나를 사랑하는 자니 나를 사랑하는 자는 내 아버지께 사랑을 받을 것이요 나도 그를 사랑하여 그에게 나를 나타내리라. …사람이 나를 사랑하면 내 말을 지키리니 내 아버지께서 그를 사랑하실 것이요 우리가 그에게 가서 거처를 그와 함께 하리라"(요 14:15-16, 21, 23).

다른 어떤 말씀도 그리스도께서 순종에 두신 상상할 수 없을 정도의 영광스러운 가치보다 훨씬 더 간략하게, 또는 훨씬 더 강력하게 순종의 가치를 표현할 수는 없을 것이다. 거기에는 이중적인 의미가 포함되어 있다. 이를테면 순종은 오직 사랑하는 마음을 가진 사람에게만 가능할 뿐만 아니라 하나님이 예수 그리스도 안에서 그분의 놀라운 성령, 그분의 놀라운 사랑, 그분의 내주하시는 임재를 허락하셔야 하는 모든 사람에게도 역시 문을 활짝 열어준다.

영적인 삶이나 사랑에 기초한 순종의 능력에 관해 요한복음 14장보다 더 고차원적인 계시를 드러내는 성경 말씀은 어디에도 없다. 하나님의 성령이 조명하심으로 말미암아 우리의 일상적인 순종에 그분의 영광을 비춰달라고 간절히 기도하자.

날마다 하나님의 계명에 순종하는 삶

요한복음 15장에 나오는 포도나무 비유는 이 개념을 다시 확인시켜준다. 우리는 얼마나 포도나무 비유를 잘 알고 있는가! 우리는 얼마나 자주, 그리고 간절하게 그리스도 안에 지속적으로 머무는 법을 알려달라고 요청하는가! 우리는 말씀을 더 많이 연구하고, 더 큰 믿음을 갖고, 더 많이 기도하고, 또한 하나님과 더 많이 교제하는 것이 예수님을 확실하게 닮아가는 열쇠인 것처럼 생각해왔다. 하지만 우리는 오히려 단 한 가지 진리를 간과해왔다. 예수님은 분명히 이렇게 가르치고 계신다. "내가 아버지의 계명을 지켜 그의 사랑 안에 거하는 것같이 너희도 내 계명을 지키면 내 사랑 안에 거하리라"(요 15:10).

다시 말하지만 순종이 열쇠이다. "사람이 나를 사랑하면 내 말을 지키리니 내 아버지께서 그를 사랑하실 것이요 우리가 그에게 가서 거처를 그와 함께 하리라. 나를 사랑하지 아니하는 자는 내 말을 지키지 아니하나니 너희가 듣는 말은 내 말이 아니요 나를 보내신 아버지의 말씀이니라"(요 14:23-24). 우리와 마찬가지로 예수님이 하나님의 사랑 안에 머물면서 살아가는 유일한 길은 하늘 아래서 단지 계명을 지키는 것뿐이었다.

이 세상에서 순종은 하나님의 마음을 기쁘게 하는 열쇠이다. 당신은 이에 관해 알고 있었는가? 어디에선가 순종에 관해 설교를 들은 적이 있는가? 당신의 경험 속에서 순종이 가장 중요한 열쇠임을 믿고, 그것이 참되다는 사실을 증명해보인 적이 있는가? 전심전력을 다하시는 하나님의 사랑과 온 마음을 다하는 우리의 넘치는 순종 사이에 아무런 유사성이 없다면 그리스도께서는 우리에게 자신을 현현하실 수 없다. 그러면 하나님이 우리 안에 내주하실 수 없으며 우리도 하나님의 사랑 안에서 살아갈 수 없다.

우리는 사도행전에서 예수님의 가르침이 어떻게 베드로의 삶 가운데 일부가 되었는지를 보여주는 메시지를 발견하게 된다. "사람보다 하나님께 순종하는 것이 마땅하니라"(행 5:29). 우리는 심지어 죽기까지 하나님께 순종해야 한다. 이 세상에 있는 어떤 것도 자신을 하나님께 드리는 사람의 순종을 감히 방해할 수 없다. "우리는 이 일에 증인이요 하나님이 자기에게 순종하는 사람들에게 주신 성령도 그러하니라"(행 5:32). 베드로는 오순절을 준비하는 것은 그리스도께 순복하는 것임을 보여 준다. 완전한 순종은 자신을 죽이기까지 믿음이 충만해지는 것이다.

사도 바울은 로마인들에게 보내는 서신의 첫 인사와 마지막 인사를 나누는 구절에서 "우리는 그를 통하여 은혜를 입어 사도의 직분을 받았습니다. 그것은 우리가 그 이름을 전하여 모든 민족이 믿고 순종하게 하려는 것입니다"(롬 1:5, 16:26 참고)라고 자신이 사도가 된 이유를 밝히고 있다. 그리고 "그(그리스도의) 이름을 전하여 모든 민족이 믿고 순종하게 하려는 것"이 자신이 사도로서 섬기는 좌우명이라고 말했다.

또한 사도 바울은 "그리스도께서 이방인들을 순종하게 하기 위하여 나를 통하여 역사하신 것 외에는 내가 감히 말하지 아니하노라"(롬 15:18)고 역설하였다. 바울은 그리스도의 순종이 우리를 의롭게 만든 것처럼 우리가 순종의 종이 된다고 가르쳤다. 아담과 우리의 불순종이 죽음을 불러온 것처럼 그리스도와 우리의 순종은 하나님과 그분의 은혜로 나아가는 회복의 지름 길이다.

|
말씀을 듣고 순종하는 삶

사도 야고보는 "너희는 말씀을 행하는 자가 되고 듣기만 하여 자신을 속이는 자가 되지 말라"(약 1:22)고 말하면서, 단순히 하나님의 말씀을 듣고 마는 자가 되지 말고 적극적으로 행하는 자가 되라고 권면한다. 그런 다음에는 믿음으로 말미암아 의롭게 되었지만 그에 합당한 행위로 말미암아 믿음이 온전하게 된 아브라함을 본보기로 우리에게 제시하고 있다.

"우리 조상 아브라함이 그 아들 이삭을 제단에 바칠 때에 행함으로 의롭다 하심을 받은 것이 아니냐. 네가 보거니와 믿음이 그의 행함과 함께 일하고 행함으로 믿음이 온전하게 되었느니라. 이에 성경에 이른 바 아브라함이 하나님을 믿으니 이것을 의로 여기셨다는 말씀이 이루어졌고 그는 하나님의 벗이라 칭함을 받았나니 이로 보건대 사람이 행함으로 의롭다 하심을 받고 믿음으로만은 아니니라. 또 이와 같이 기생 라합이 사자들을 접대하여 다른 길로 나가게 할 때에 행함으로 의롭다 하심을 받은 것이 아니냐. 영혼 없는 몸이 죽은 것같이 행함이 없는 믿음은 죽은 것이니라"(약 2:21-26).

베드로전서 1장에서도 우리는 베드로의 믿음 체계에서 순종이 얼마나 중요한 위치를 차지하고 있는지를 살펴볼 수 있다. 2절에서 베드로는 이렇게 강조한다. "하나님 아버지께서 여러분을 미리 아시고 성령으로 거룩하게 해주셔서 여러분은 순종하게 되고 예수 그리스도의 피 뿌림을 받게 되었습니다." 사도 베드로는 순종이야말로 하나님 아버지의 영원한 목적임을 우리에게 보여준다. 순종은 성령의 일하심 가운데 가장 커다란 목적이며 그리스도의 구원 가운데 가장 중요한 부분이다. 그래서 베드로는 이렇게 말했다. "너희가 순종하는 자식처럼 전에 알지 못할 때에 따르던 너희 사욕을 본받지 말고 오직 너희를 부르신 거룩한 이처럼 너희도 모든 행실에 거룩한 자가 되라"(벧전 1:14-15).

순종은 참된 거룩함의 출발점이다. 그래서 베드로는 나중에 "너희가 진리를 순종함으로 너희 영혼을 깨끗하게 하여"(벧전 1:22)라고 권면한다. 하나님의 진리를 받아들이는 것은 단순히 지적인 동의나 감정적인 확신의 문제가 아니다. 오히려 하나님의 진리라는 주권에 모든 삶을 순복하는 문제이다. 그리스도인의 삶이란 다른 무엇보다도 먼저 순종으로 특징지어진다.

우리는 사도 요한의 진술이 얼마나 강력한지를 잘 알고 있다. "그를 아노라 하고 그의 계명을 지키지 아니하는 자는 거짓말하는 자요 진리가 그 속에 있지 아니하되"(요일 2:4). 순종은 그리스도인의 성품을 오롯이 드러내는 보증서이다. 그래서 요한은 또 이렇게 말한다. 가슴에 새겨두면 좋을 것 같다. "자녀들아 우리가 말과 혀로만 사랑하지 말고 행함과 진실함으로 하자. 이로써 우리가 진리에 속한 줄을 알고 또 우리 마음을 주 앞에서 굳세게 하리니. …무엇이든지 구하는 바를 그에게서 받나니 이는 우리가 그의 계명을 지키고 그 앞에서 기뻐하시는 것을 행함이라"(요일 3:18-19,22).

|

순종은 선한 양심의 비밀

순종은 선한 양심의 비밀이요, 하나님이 우리에게 귀를 기울이고 계신다는 확신의 비밀이다. "하나님을 사랑하는 것은 이것이니 우리가 그의 계명들을 지키는 것이라. 그의 계명들은 무거운 것이 아니로다"(요일 5:3). 우리는 마음으로부터 진심에서 우러나는 기꺼운 순종을 통해 세상에 대해서 뿐만 아니라 하나님에 대해서 하나님을 향한 우리의 사랑을 드러내게 된다. 하나님의 계명을 지키는 순종은 하나님을 향한 우리 사랑의 외적인 표현이다.

이처럼 순종은 성경 속에서, 하나님의 마음속에서, 그리고 그분의 종들이 품은 마음속에서 아주 높은 위치를 차지하고 있다. 우리는 "순종이 과연 내 마음과 삶 속에서 그와 같은 자리를 차지하고 있는가?" 하고 자문해봐야 한다. 과연 우리는 하나님이 의도하신 대로 우리 자신에 대한 최고 권위의 자리를 순종에 내주고 있는가? 순종이 모든 행위의 동기와 하나님께 담대하게 나아가는 용기를 불어넣어 주는가?

만약 하나님의 성령을 추구하는 일에 우리 자신을 내어드리지 않는다면 우리는 우리의 삶에 절대적인 순종이 차지하는 중요성을 묵과했다는 사실을 발견하게 될 것이다. 이와 같은 결핍이 우리의 기도생활과 일상생활에서 실패하는 온갖 원인으로 작용하게 된다. 그래서 하나님의 은혜에 관한 더 깊은 축복과 더불어 하나님의 사랑과 친밀함을 충분히 누리는 삶이 우리의 영역을 벗어나게 된다. 왜냐하면 단지 하나님이 의도하시는 만큼 우리가 제대로 순종에 중요성을 부여하지 않았기 때문이다. 그러나 순종은 우리 그리스도인의 삶에서 출발점이자 목표이다.

이와 같은 첫 번째 연구를 통해 우리 안에 순종의 진리에 관한 하나님의 뜻을 충분히 알고자 하는 간절한 소망이 일어나기를 원한다. 순종이 모든 것을 다스리지 않을 때 그리스도인의 삶에 얼마나 많은 요소가 부족하게 되는지를 우리에게 정확히 보여달라고 성령께 간구하자. 에덴동산에서 아담의 불순종이 문을 닫았으며, 두 번째 아담의 순종으로 그 문을 열었던 것처럼 우리의 순종으로 하나님이 우리의 마음속에 오셔서 머무를 수 있도록 문을 열게 만들자.

"하나님이여, 당신께서 우리에게 요구하시는 단 한 가지 제사, 곧 우리가 주님께 마음껏 드릴 수 있는 제사로서 순종을 삼게 하소서! 그래서 하나님이 그리스도 안에서 우리로 하여금 이 세상의 삶을 성공적으로 살아가게 하실 것이라는 충분한 확신을 얻게 하소서!"

02

Christ's Obedience

그리스도의 순종은 결국 우리 삶의 회복이다

한 사람이 순종하지 아니함으로 많은 사람이 죄인 된 것같이 한 사람이 순종하심으로 많은 사람이 의인이 되리라. 로마서 5:19. 너희 자신을 종으로 내주어 누구에게 순종하든지 그 순종함을 받는 자의 종이 되는 줄을 너희가 알지 못하느냐. 혹은 죄의 종으로 사망에 이르고 혹은 순종의 종으로 의에 이르느니라. 로마서 6:16.

"한 사람이 순종하지 아니함으로 많은 사람이 죄인 된 것같이 한 사람이 순종하심으로 많은 사람이 의인이 되리라"(롬 5:19). 이 말씀은 우리가 그리스도께 얼마나 많은 빚을 졌는지 말해준다. 비록 우리가 아담 안에서 죄인이 될 수밖에 없었지만 그리스도 안에서는 의인이 된다.

또한 앞에서 소개한 로마서의 말씀들은 우리 자신의 의로움이 그리스도의 순종 덕분이라고 말해준다. 우리는 아담의 불순종을 통해서는 죄를 범하기 쉬웠지만 그리스도의 순종을 통해서는 의롭게 될 수 있었다. 우리는 모든 일에서 그리스도의 순종에 따른 빚을 지고 있다. 이것은 그리스도 안에서 유산으로 물려받게 되는 온갖 보화 중에서 가장 풍성한 것들 가운데 하나이다.

지금까지 얼마나 많은 사람들이 순종의 대한 진리를 사랑하고 기뻐하면서도 순종에 따른 충만한 축복을 받기까지 이와 같은 진리를 한 번도 제대로 연구하지 않았던가! "하나님이여, 성령을 통해 순종의 영광을 계시하셔서 우리로 하여금 순종의 능력을 함께 나누는 자가 되게 하소서!"

당신은 아마 오직 믿음으로만 의롭게 된다는 칭의에 관한 진리와 아주 친숙할 것이다. 로마서 3장 21절부터 5장 11절에 이르기까지 바울은 우리의 칭의에서 기초를 이루는 것이 바로 예수 그리스도의 보혈로 말미암은 속죄였다고 가르친다. 바울은 의로움을 얻는 길이 "경건하지 아니한 자를 의롭다 하시는 이"

(롬 4:5)인 하나님의 값없는 은혜를 신뢰하는 믿음이라고 가르친다. 바울은 칭의의 복 있는 열매가 그리스도의 의로움을 나누어 갖는 것이라고 말하며, 그로 말미암아 우리는 하나님의 은혜에 즉각적으로 나아갈 수 있을 뿐만 아니라 영광의 소망을 자신에게 불어넣을 수 있게 되었다고 말한다.

로마서 5장 19절에서 바울은 "한 사람이 순종하심으로 많은 사람이 의인이 되리라"고 말씀하면서 아담과 우리의 연합, 그리고 이와 같은 연합으로부터 흘러나오는 갖가지 결과들을 말한다. 그러니까 바울은 믿음을 통해 그리스도와 연합하는 것에 관한 더 깊은 진리를 자연스럽게 전개하고 있으며, 바로 거기에 칭의의 뿌리가 자리 잡고 있다. 그로 말미암아 하나님이 그분 자신을 위해 우리를 받아들이는 것이 가능해지게 된다.

아담에게로 돌아가 아담과 연합함으로써 나타나는 갖가지 결과들과 더불어 바울은 믿음으로 그리스도를 받아들이고, 그리하여 그분과 연합하는 사람들이 그분의 의로움과 생명을 함께 나누게 되는 것이 얼마나 완벽하게 자연스럽고 합리적인지를 증명하고 있다.

특히 바울은 아담의 불순종으로 말미암아 초래된 정죄와 죽음, 그리고 그리스도의 순종으로 말미암아 얻게 되는 의로움과 생명 사이를 날카롭게 대조시키면서 강조하고 있다. 그리스도의 순종이 우리의 구원을 위해 일하시는 그분의 사역에서 차지하는 위치를 연구하면서, 그 순종이야말로 바로 그 구원의 뿌리임을 깨달을 때 우리는 순종이 우리의 마음과 삶 속에서 어떤 위치를 차지해야 하는지를 올바로 알게 될 것이다.

이중적인 연관성

"한 사람이 순종하지 아니함으로 많은 사람이 죄인 된 것같이." 어떻게 이것이 가능하단 말인가? 아담과 그 후손들 사이에는 이중적인 연관성이 있었다. 하나는 법적인 것(judicial)이고, 다른 하나는 유전적인 것(inherited)이다. 법적인 부분 때문에, 심지어 아직까지 태어나지 않은 아이들을 포함한 모든 인류는 즉각적으로 사형선고를 받게 되었다. "아담으로부터 모세까지 아담의 범죄와 같은 죄를 짓지 아니한 자들까지도 사망이 왕 노릇 하였나니 아담은 오실 자의 모형이라"(롬 5:14). 여기에는 심지어 어린아이들까지도 모두 포함된다.

이와 같은 법적인 관계는 유전적인 관계 속에도 깊이 뿌리박고 있다. 만약 인류가 아담의 후손이 아니었다면 그와 같은 사형선고가 인류에게 내려질 수 없었을 것이다. 그런데 다시금 유전적인 부분이 법적인 부분으로 나타나게 되었다. 그리하여 모든 아담의 자녀는 죄와 죽음의 권세 아래 있는 삶으로 들어가게 된다. 한 사람의 불순종을 통해 "많은 사람이 죄인 된 것같이" 우리는 모두 죄의 저주 아래 놓일 수밖에 없었다. 본질상 죄의 권세 아래 붙잡힐 수밖에 없었다.

"아담은 오실 자의 모형이라"(롬 5:14). 두 번째 아담으로 불린 예수님은 인류의 두 번째 아버지셨다. 아담의 불순종으로 나타난 결과는 그리스도의 순종으로 나타난 결과와 정확히 평행선을 달린다. 한 죄인이 예수 그리스도를 믿을 때 그 죄인은 그리스도와 연합하게 된다. 즉각적으로 법적인 선고가 내려짐으로 말미암아 그 죄인은 하나님의 눈에 하나님의 뜻을 따르는 의로운 사람으로 받아들여지게 된다. 그래서 이제는 의로움을 누리면서 그에 따라오는 순종의 삶과 본질을 함께 누리게 된다.

여기서 다시금 법적인 관계가 유전적인 관계 속에 뿌리내리게 된다. 그 사람은 그리스도 자신을 소유하고 그리스도 안에 머물게 됨으로써 그리스도의 의(義)를 소유하게 된다. 그리스도 안에 있게 된다는 것이 의미하는 바를 충분히 알기도 전에 그 사람은 자신이 무죄를 선고받았으며 주님께 받아들여졌다는 사실을 알 수 있게 된다. 그러나 이때 그 사람은 유전적인 관계로 아담의 불순종에 동참하여 죽음과 죄악 된 본성이 뒤따라온다는 사실도 알게 된다. 이와 마찬가지로 실질적이고 완전하게 그리스도의 순종에 동참함으로 말미암아 의로움, 순종적인 삶, 그에 따른 순종의 본성을 마음껏 누릴 수 있다는 사실을 이해하게 된다.

좀 더 심층적인 관찰

아담의 불순종을 통해 우리는 모두 죄인이 되었다. 하나님께서 에덴동산에서 아담에게 요구하셨던 단 한 가지는 순종이었다. 그러므로 피조물이 하나님께 영광을 돌리거나 하나님의 은혜와 축복을 누릴 수 있는 단 한 가지는 바로 순종이다.

이 세상에서 죄의 권세와 그로 말미암아 파멸당하는 단 한 가지 이유는 바로 불순종 때문이다. 우리는 아담으로부터 고집스러움, 이기심, 불순종으로 기울어지는 경향을 물려받았다. 죄의 총체적인 저주는 바로 우리를 충동질하는 불순종 때문이다. 그러나 물론 그것도 역시 우리가 선택한 것이다. 우리 안에 역사하는 죄의 권세는 아담의 본성에 지나지 않는다. 우리는 아담의 불순종을 물려받았다. 우리는 "불순종의 아들들"(엡 2:2)로 태어났다.

그래서 그리스도께서 이와 같은 불순종을, 더 나아가 불순종으로 말미암은 저주, 지배, 악한 본성 따위를 제거할 필요가 있으셨다. 불순종은 모든 죄악과 비참함의 뿌리이다. 그리스도의 구원이 목표로 삼았던 첫 번째 목적은 그와 같은 악의 뿌리를 완전히 잘라내 인간에게 원래 운명, 곧 하나님께 순종하는 삶을 회복시키는 것이었다.

그렇다면 그리스도께서는 도대체 어떻게 이와 같은 목적을 달성하셨는가? 예수님은 첫 번째 아담이 했던 일을 원상태로 돌리는 두 번째 아담으로 오심으로써 이 목적을 이루셨다. 죄는 항상 하나님의 뜻을 알고 행하는 삶을 추구하는 것이 창피스러운 일이라 믿게끔 만들었다. 그러나 그리스도께서는 순종의 삶이 얼마나 고상하고, 얼마나 축복 넘치고, 얼마나 하나님을 기쁘시게 하는지 우리에게 보여주기 위해 오셨다.

하나님이 우리에게 피조물이라는 옷을 입혀주셨을 때 우리는 그 옷의 아름다움과 흠 없는 정결함이 오직 하나님에 대한 순종으로만 비롯될 수 있다는 사실을 알지 못했다. 그리스도께서 이 땅에 오셔서 친히 그 옷을 입으시고 우리에게 그 옷을 입는 방법을 자세히 보여주셨다. 그리스도께서는 어떻게 우리가 하나님의 임재와 영광 속으로 들어갈 수 있는지를 보여주기 위해 이 땅에 오셨다. 그리스도께서는 불순종을 이기셨으며, 우리의 불순종을 대신하여 그분의 순종으로 채울 수 있는 능력을 우리에게 부어주셨다. 아담의 불순종이 보편적이며 강력하여 도처에 널리 퍼져 있는 것처럼 그리스도의 순종으로 말미암은 권세는 그보다 훨씬 더 널리 퍼져나갔다.

그리스도의 삼중적인 목표

그리스도께서 보여주신 순종의 삶에는 삼중적인 목적이 있었다. 첫째, 예수님은 참된 순종이 무엇인지를 보여주기 위한 우리의 본보기로서 이 땅에 오셨다. 둘째, 예수님은 그분의 순종을 통해 우리에 대한 모든 의를 이루기 위해 우리의 보증으로서 이 땅에 오셨다. 셋째, 예수님은 우리 안에 새롭고 순종적인 본성을 나누어주려고 준비하기 위한 우리의 머리로서 이 땅에 오셨다.

그리고 또한 예수님은 자신의 완전한 순종이 최대한 끝까지, 심지어 하나님을 위해 목숨을 버리기까지 순종하기 위한 준비임을 보여주시려고 십자가에서 돌아가셨다. 순종은 우리의 불순종으로 말미암은 정죄를 대속하는 것이다. 순종은 하나님과 우리 자신을 위해 하나님이 원하시는 삶으로 들어감으로써 죄에 대해 죽는다는 의미이다.

　아담의 불순종이 어떤 영향을 끼쳤든지 간에 그리스도의 순종으로 말미암아 그것은 단절되었고 대체되었다. 법적으로 그와 같은 순종을 통해 우리는 하나님과 올바른 관계를 맺은 의인이 되었다. 아담의 불순종으로 말미암아 하나님과의 관계가 단절된 죄인이 되었던 것과 마찬가지로 우리는 그리스도의 희생적인 죽음을 통해 단번에 의롭게 되어 죄와 죽음의 권세에서 벗어났다.

　이제 우리는 의로운 사람으로서 하나님 앞에 서게 된다. 우리는 그리스도의 죽음과 부활 안에서 그분과 하나가 되었기 때문에 이제 죄에 대해서는 정말로 죽었으며, 그리스도처럼 하나님에 대해서는 살았다. 그러므로 그리스도 안에서 우리가 받아들이는 삶은 순종의 삶이나 다름없다.

　순종이 무엇인지 알기 위해서는 어떻게 그리스도의 순종이 우리의 의와 구원의 비밀인지를 깊이 생각해봐야 한다. 순종이 무엇인지 이해하기 원하는 사람들은 모두 반드시 이것을 곰곰이 생각해봐야 한다. 우리가 그리스도께 순종하는 것은 하나님의 뜻을 따를 수 있는 비밀이며 하나님 안에서 발견하는 구원의 비밀이다. 순종은 그와 같은 의로움의 본질이다.

순종은 결과적으로 우리의 구원을 초래한다. 예수님의 순종은 나의 불순종을 덮어주고 없애주고 끝내주기 때문에 마땅히 받아들이고 신뢰하고 기뻐해야 할 대상이다. 하나님에 대한 예수 그리스도의 순종은 하나님이 나를 받아들이시기 위한, 절대 버릴 수 없는 단 하나의 기초이다. 그러므로 아담의 불순종이 내 삶을 다스리는 세력이자 내 안에 자리 잡고 있는 죽음의 세력인 것과 마찬가지로 그리스도의 순종은 내 안에 있는 새로운 본성의 생명 넘치는 권세이다.

이제 나는 바울이 왜 다음과 같은 말씀에서 의와 생명을 그토록 밀접하게 관련시키는지를 이해하게 된다. 이 말씀을 깊이 묵상해보자. "한 사람의 범죄로 말미암아 사망이 그 한 사람을 통하여 왕 노릇 하였은즉 더욱 은혜와 의의 선물을 넘치게 받는 자들은 한 분 예수 그리스도를 통하여 생명 안에서 왕 노릇 하리로다. 그런즉 한 범죄로 많은 사람이 정죄에 이른 것같이 한 의로운 행위로 말미암아 많은 사람이 의롭다 하심을 받아 생명에 이르렀느니라. 한 사람이 순종하지 아니함으로 많은 사람이 죄인 된 것같이 한 사람이 순종하심으로 많은 사람이 의인이 되리라"(롬 5:17-19).

우리가 첫째 아담과 둘째 아담 사이에 나란히 대조되는 것을 훨씬 더 조심스럽게 살펴볼수록 첫째 아담 안에서 죽음과 불순종이 어떻게 그 후손들을 다스렸는지, 그리고 어떻게 사망과 불순종이 아담과 연합을 통해 동일하게 전해졌는지를 점점 더 많이 깨닫게 된다. 우리는 아담의 불순종을 통해서는 아담의 유산을 물려받는 상속자의 위치를 피할 길이 없다. 그와 마찬가지로 우리가 예수 그리스도를 믿을 때 우리는 동일하게 그분의 순종과 생명으로부터 결코 분리될 수 없다.

우리는 개인적인 소유뿐만 아니라 연합을 통해 그리스도의 순종을 향유하게 된다. 우리는 보혈을 통해 기름 부으시는 그리스도의 사역을 받아들임으로써 아담 안에 있는 죽음의 유산을 그리스도 안에 있는 생명의 유산으로 교환하게 된다. 하나님이 값없이 우리에게 제공하시는 의로움을 마음껏 받아들일 때 이는 그로부터 생겨나는 순종, 거기에서 절대 분리될 수 없는 순종, 오직 그 안에서 살아가며 번창할 수 있는 순종을 우리에게 가르쳐준다.

로마서에서 이루어지는 논의

사도 바울은 자신의 서신 가운데 처음으로 로마서 6장 12~13절에서 이와 같은 연관성을 다루고 있다. 그리스도와 우리의 생명 넘치는 연합에 대해 언급한 이후에 "그러므로 너희는 죄가 너희 죽을 몸을 지배하지 못하게 하여 몸의 사욕에 순종하지 말고 또한 너희 지체를 불의의 무기로 죄에게 내주지 말고 오직 너희 자신을 죽은 자 가운데서 다시 살아난 자같이 하나님께 드리며 너희 지체를 의의 무기로 하나님께 드리라"고 로마교회에 명령한다.

그런 다음에는 재빨리 어떻게 이것이 다름 아닌 순종을 의미하는지 가르친다. "너희 자신을 종으로 내주어 누구에게 순종하든지 그 순종함을 받는 자의 종이 되는 줄을 너희가 알지 못하느냐. 혹은 죄의 종으로 사망에 이르고 혹은 순종의 종으로 의에 이르느니라"(롬 6:16).

우리와 순종의 관계는 굉장히 실질적인 관계이다. 우리는 불순종(아담의 불순종과 우리 자신의 불순종)에서부터 완전히 벗어났으며, 이제 우리는 의를 따르는 순종의 종이 되었다. 그리스도의 순종은 결과적으로 의를 가져왔으며 그 의는 우리에 대한 하나님의 선물이다.

우리가 순종에 종노릇하는 것은 우리와 하나님의 관계를 비롯하여 그 의를 유지하는 유일한 방법이다. 의로 인도하는 그리스도의 순종은 단지 우리를 향한 생명의 시작일 뿐이다. 의로 인도하는 우리의 순종은 그 생명을 지속시키는 원동력이다. 우리가 하나님의 뜻을 따르는 것이야말로 그 생명을 지속하는 유일한 길이다.

오직 한 가지 법

머리와 지체 사이에는 오직 한 가지 법밖에 없다. 이 법에 따라 아담과 그 후손에게는 확실히 불순종과 죽음이 초래되는 것과 마찬가지로 그리스도와 그 후손에게는 순종과 생명이 있다. 아담과 그 후손 사이를 하나로 묶어주는 연합, 서로 닮은 한 가지 공통적인 특징은 불순종이었다. 하지만 그리스도와 그 후손 사이를 하나로 묶어주는 연합, 서로 닮은 한 가지 공통적인 특징은 순종이다.

오직 순종만이 그리스도를 하나님 아버지의 사랑을 받는 대상이 되게 했으며, 그 결과로서 그리스도로 하여금 우리의 구속자가 되게 하셨다. "내가 내 목숨을 버리는 것은 그것을 내가 다시 얻기 위함이니 이로 말미암아 아버지께서 나를 사랑하시느니라. 이를 내게서 빼앗는 자가 있는 것이 아니라 내가 스스로 버리노라. 나는 버릴 권세도 있고 다시 얻을 권세도 있으니 이 계명은 내 아버지에게서 받았노라 하시니라"(요 10:17-18).

오직 순종만이 그 사랑 안에 머물도록 우리를 인도할 수 있으며, 그와 같은 구속을 누릴 수 있도록 한다. "나의 계명을 지키는 자라야 나를 사랑하는 자니 나를 사랑하는 자는 내 아버지께 사랑을 받을 것이요 나도 그를 사랑하여 그에게 나를 나타내리라. …사람이 나를 사랑하면 내 말을 지키리니 내 아버지께서 그를 사랑하실 것이요 우리가 그에게 가서 거처를 그와 함께 하리라"(요 14:21, 23).

모든 것은 순종에 대한 우리의 지식과 더불어 그 순종 가운데 얼마나 동참하느냐에 따라 달라진다. 순종은 하나님과 맺는 올바른 관계, 곧 의를 최대한 누릴 수 있는 관문이자 통로이다.

회심하는 순간 믿음으로 말미암아 단번에 완전하고도 영원한 의가 우리에게 허락된다. 비록 순종에 대한 지식이 거의 없거나 전혀 없더라도 우리는 의를 받는다.

그러나 이 그리스도인이 하나님의 은혜 안에 있다 믿으면서 하나님의 뜻에 순복하는 가운데 의의 종이 되기 위해 열심히 노력할 때야 비로소 하나님의 눈에 띄게 드러나는 이와 같은 성화의 결과로 말미암아 그 사람에게 축복이 부어질 것이다. 그리고 다시 그 의(義)의 기원인 하나님께 우리를 인도하게 될 것이다.

우리가 성령의 능력 안에서 그리스도의 의를 더욱 강력하고도 진실하게 붙잡을수록, 그로부터 솟아나는 순종 안에서 함께 나누고 싶다는 우리의 소망이 점점 더 간절해질 수 있을 것이다. 이와 같은 조명을 통해 그리스도의 순종을 연구하여 우리가 결과적으로 의로움을 가져오는 순종의 종으로서 그리스도와 같은 삶을 살 수 있도록 해야 한다.

|
그리스도의 순종에 닮긴 몇 가지 원리

그리스도의 순종에 관해 다음과 같은 몇 가지 원리를 연구해보는 것은 하나님과 올바른 관계를 소망하는 순종의 종으로서 살아가도록 우리를 도와준다.

그리스도 안에서, 이와 같은 순종은 삶의 원리였다. 그리스도의 순종은 가끔씩 한 번의 순종 행위, 또는 일련의 순종 행위에 그치는 것이 아니라 전 생애를 사로잡고 있던 정신이었다. "내가 하늘에서 내려온 것은 내 뜻을 행하려 함이 아니요 나를 보내신 이의 뜻을 행하려 함이니라"(요 6:38). "보시옵소서. 내가 하나님의 뜻을 행하러 왔나이다"(히 10:9). 그리스도께서는 단 한 가지 목적을 위해 이 세상에 오셨다. 곧 오직 하나님의 뜻을 성취하기 위해 이 세상에서 살아가셨다. 온통 그리스도의 삶을 다스린 유일한 최고의 힘은 순종이었다.

그리스도께서는 기꺼이 우리도 그와 동일하게 살아갈 수 있도록 만들어주기를 원하신다. 이게 바로 다음과 같이 말씀하시면서 우리에게 약속하신 것이다. "누구든지 하늘에 계신 내 아버지의 뜻대로 하는 자가 내 형제요 자매요 어머니이니라 하시더라"(마 12:50). 가족 사이의 유대감은 온갖 가족과 유사한 관계에서 공유되는 공통적인 삶이다. 그리스도와 우리 사이의 유대는 그분과 우리가 함께 하나님의 뜻을 행하는 것이다.

그리스도 안에서, 이와 같은 순종은 기쁨이었다. "나의 하나님이여 내가 주의 뜻 행하기를 즐기오니 주의 법이 나의 심중에 있나이다"(시 40:8). "나의 양식은 나를 보내신 이의 뜻을 행하며 그의 일을 온전히 이루는 이것이니라"(요 4:34). 우리가 먹는 음식은 몸에 원기를 회복시키고 활력을 불어넣는다. 건강한 사람은 이와 같은 양식을 즐겁게 먹는다. 그러나 음식은 단순히 즐거움을 얻기 위해 먹는다기보다는 생명을 유지하는 데 반드시 필요한 것이다.

그와 마찬가지로 하나님의 뜻을 행하는 것은 그리스도께서 갈망하셨던 음식이다. 하나님의 뜻을 행하지 않고서는 그리스도께서 계속 살아가실 수 없었다. 순종은 그분의 갈망을 만족시켜준 유일한 것이었으며 그분의 원기를 회복시키고 그분을 강하게 만들고 그분을 행복하게 만들어준 유일한 것이었다.

이것이 바로 다윗이 "여호와의 율법은 완전하여 영혼을 소성시키며… 여호와의 교훈은 정직하여 마음을 기쁘게 하고 여호와의 계명은 순결하여 눈을 밝게 하시도다. 여호와를 경외하는 도는 정결하여 영원까지 이르고… 금 곧 많은 순금보다 더 사모할 것이며 꿀과 송이꿀보다 더 달도다"(시 19:7-10)고 말한 참된 의미이다. 이 말씀이 이해되고 받아들여질 때 순종이 우리에게 훨씬 더 자연스러워지고 반드시 필요하게 된다. 이때야 비로소 순종은 일용할 양식보다 훨씬 더 많이 우리에게 생기를 북돋워줄 것이다.

그리스도 안에서, 이와 같은 순종은 하나님이 그분의 뜻을 계시할 때까지 기다리도록 인도하였다. 하나님은 그리스도에게 단번에 그분의 뜻을 모두 계시하지는 않으셨지만 날마다 시시각각으로 변하는 상황에 맞게 그분의 뜻을 계시하셨다. 거기에 순종하는 삶을 통해 그리스도께는 성장과 진보가 있었지만 가장 어려운 교훈은 가장 마지막에 등장하였다.

각각의 순종 행위는 그리스도를 준비시켜 하나님 아버지의 다음 명령을 새롭게 발견할 수 있도록 도와주었다. 그래서 그리스도께서는 "주께서 내 귀를 통하여 내게 들려주시기를…. 나의 하나님이여 내가 주의 뜻 행하기를 즐기오니 주의 법이 나의 심중에 있나이다"(시 40:6,8)라고 말씀하셨다.

순종이 우리의 삶을 붙잡고 있는 열정으로 바뀔 때 하나님의 성령이 우리의 귀를 열어주셔서 그분의 가르침을 기다리게 만들 것이다. 그러면 우리는 자신을 향한 하나님의 뜻으로 이끄시는 그분의 인도하심에 만족하게 될 것이다.

그리스도 안에서, 이와 같은 순종은 죽음으로 인도하였다. 예수 그리스도께서 "나는 나의 뜻대로 하려 하지 않고 나를 보내신 이의 뜻대로 하려 하므로"(요 5:30)라거나 "내가 하늘에서 내려온 것은 내 뜻을 행하려 함이 아니요 나를 보내신 이의 뜻을 행하려 함이니라"(요 6:38)고 말씀하셨을 때 그분은 자기 자신의 뜻을 부인하고 하나님 아버지의 뜻을 행하기 위해서는 무슨 일이든 할 준비가 되어 있었다. 그리스도께서는 진심으로 그렇게 말씀하고 계셨다. 그 어떤 것에도 자기의 뜻을 드러내지 않는 대신에 어떤 희생을 치르더라도 기필코 하나님의 뜻을 따르겠다는 것이었다.

이것은 그리스도께서 우리도 역시 따르도록 초대하는 순종이며, 그로 말미암아 우리에게 능력을 부여하시려는 순종이다. 모든 일에서 이처럼 순종에 온 마음을 다해 순복할 때 그것이야말로 유일한 참된 순종이며, 우리로 하여금 순종의 삶을 살아낼 수 있도록 도와주는 유일한 힘이다. 오직 이와 같은 순종이야말로 하나님이 마땅히 요구하시는 순종이다. 오직 이와 같은 순종이야말로 그 영혼에 참된 기쁨과 능력을 부어줄 것이다.

순종에 대해 의구심을 품을 뿐만 아니라 제대로 순종하지 못할지도 모른다는 잠재적인 느낌이 도사리고 있다면 우리는 반드시 승리할 수 있다는 확신을 잃어버리게 될 것이다. 그러나 하나님이 전적인 순종을 요구하시는 동시에 그렇게 순종할 수 있도록 도와주시겠다고 약속하고 계신다는 사실을 깨달을 때 우리는 담대히 순종을 위해 노력하며 하나님께 전적인 순종보다 못한 것을 드리지는 않게 된다. 만약 우리가 하나님의 거룩하신 능력에 자기 자신을 완전히 내어드린다면 성령은 우리의 모든 삶에 주인이 되실 것이다.

그리스도 안에서, 이와 같은 순종은 가장 깊은 차원의 겸손으로부터 솟아났다. "너희 안에 이 마음을 품으라. 곧 그리스도 예수의 마음이니 그는 근본 하나님의 본체시나 하나님과 동등됨을 취할 것으로 여기지 아니하시고 오히려 자기를 비워 종의 형체를 가지사 사람들과 같이 되셨고 사람의 모양으로 나타나사 자기를 낮추시고 죽기까지 복종하셨으니 곧 십자가에 죽으심이라"(빌 2:5-8).

그리스도께서 자신의 순종에 담긴 천국의 아름다움과 능력을 펼쳐놓으시는 대상은 기꺼이 자기 자신을 완전히 비우고 기꺼이 순종의 종이 되어 그렇게 살아가야 한다. 그리고 기꺼이 하나님과 사람 앞에서 자신을 낮추어야 한다.

그런데 이 사람에게는 혹시나 은밀하게 자신을 신뢰하면서 억지로라도 순종하려 애쓰다가 실패할 수밖에 없는 강한 의지가 자리 잡고 있을 수도 있다. 우리가 하나님의 뜻에 대한 겸손,

온유함, 인내, 그리고 전적인 포기로 나아가면서 하나님 앞에 무릎 꿇을 때, 그리고 우리가 기꺼이 하나님을 의존하면서 완전히 자신으로부터 돌아서서 그분께 자신을 내맡길 때 하나님은 순종 가운데 누릴 수 있는 축복을 마음껏 우리에게 계시하실 것이다.

그리스도 안에서, 이와 같은 순종은 하나님의 능력을 전적으로 의존하는 가운데 믿음으로 말미암은 것이었다. 그리스도께서는 "나는 나의 뜻대로 하려 하지 않고 나를 보내신 이의 뜻대로 하려 하므로"(요 5:30), "내가 너희에게 이르는 말은 스스로 하는 것이 아니라 아버지께서 내 안에 계셔서 그의 일을 하시는 것이라"(요 14:10)고 말씀하셨다. 하나님 아버지의 뜻에 대한 아들의 거리낌 없는 무조건적인 순복은 아들 안에서 역사하시는 그분의 능력을 쉼 없이, 스스럼없이 부어주시는 하나님 아버지의 선물로 말미암아 가능해졌다.

|
하나님의 능력과 우리의 순종

그것은 심지어 우리에게도 마찬가지일 것이다. 만약 우리가 자신의 의지를 하나님께 굴복시키는 것이야말로 항상 그분이 우리에게 그분의 능력을 허락하시는 기준으로 작용한다는 사실을 깨닫는다면 우리는 전적인 순종에 자신을 내어주는 것이야말로 오직 하나님이 우리 안에서 일하시게 만드는 온전한 믿음에 지나지 않는다는 사실을 알게 될 것이다.

새로운 언약에 대한 하나님의 약속도 이와 같은 성경 말씀에 기초를 두고 있다. "네 하나님 여호와께서 네 마음과 네 자손의 마음에 할례를 베푸사 너로 마음을 다하며 뜻을 다하여 네 하나님 여호와를 사랑하게 하사 너로 생명을 얻게 하실 것이며 …너는 돌아와 다시 여호와의 말씀을 청종하고 내가 오늘 네게 명령하는 그 모든 명령을 행할 것이라. 네가 네 하나님 여호와의 말씀을 청종하여 이 율법책에 기록된 그의 명령과 규례를 지키고 네 마음을 다하며 뜻을 다하여 여호와 네 하나님께 돌아오면 네 하나님 여호와께서 네 손으로 하는 모든 일과 네 몸의 소생과 네 가축의 새끼와 네 토지 소산을 많게 하시고 네게 복을 주시되 곧 여호와께서 네 조상들을 기뻐하신 것과 같이 너를 다시 기뻐하사 네게 복을 주시리라"(신 30:6, 8-9).

"또 새 영을 너희 속에 두고 새 마음을 너희에게 주되 너희 육신에서 굳은 마음을 제거하고 부드러운 마음을 줄 것이며 또 내 영을 너희 속에 두어 너희로 내 율례를 행하게 하리니 너희가 내 규례를 지켜 행할지라"(겔 36:26-27).

그분의 독생자와 마찬가지로 하나님이 우리 안에서도 모든 일을 행하실 것이며, 우리도 역시 하나님께 아낌없는 순종을 스스로 드릴 만한 용기, 심지어 목숨까지도 내어드릴 만한 용기를 갖게 될 것임을 믿자. 이처럼 하나님께 우리 자신을 내어드린다면 하나님은 아들이 걸어간 발자취를 따라가도록 우리를 인도하실 것이다. 바로 그 아들은 하나님 아버지의 능력을 의지하여 하나님 아버지의 뜻을 행하셨던 분이다. 자, 우리 자신을 온전히 하나님께 내어드리도록 하자. 그러면 하나님이 우리 안에서 그분의 온전한 일을 행하실 것이다.

당신은 예수 그리스도의 순종을 통해 의롭게 되었기 때문에 그분처럼 살아가게 된다는 사실을 알고 있는가? 예수 그리스도 안에서 당신은 순종의 종이 되어 하나님의 본성에 점점 더 일치된 모습으로 자라가게 된다. 많은 사람들이 순종의 뿌리와 생명력과 보증으로 삼는 것은 바로 예수 그리스도의 순종이다. 반드시 순종하는 분으로서 예수 그리스도를 바라보고 연구하고 믿기 바란다. 당신 자신이 따라가야 할 분으로서 예수 그리스도를 찾고 받아들이고 사랑하기 바란다.

그분의 의가 우리의 소망인 것처럼 그분의 순종이 우리의 인생을 위한 우리의 유일한 소망과 전형이 되게 하자. 예수님을 순종하는 분으로, 우리 안에 내주하시는 그리스도로 받아들임으로써 하나님의 초자연적인 능력 안에 있는 우리의 안전과 확신을 입증하자.

03

하나님과의 친밀한 교제가
순종의 열쇠이다

그가 아들이시면서도 받으신 고난으로 순종함을 배워서 온전하게 되셨은즉 자기에게 순종하는 모든 자에게 영원한 구원의 근원이 되시고. 히브리서 5:8-9.

내가 믿기로, 참된 순종의 비밀은 하나님과 맺는 명확하고 친밀한 인격적인 관계에 있다. 우리는 하나님과 영속적인 교제를 나누지 않고서는 결코 온전한 순종에 도달할 수 없다. 또한 하나님의 거룩한 임재가 우리와 함께하시지 않는다면 우리는 절대 완전한 순종의 삶을 살 수 없다.

불완전한 순종은 언제나 무엇이 부족한 삶의 결과이다. 각종 논쟁과 그릇된 동기로 우리의 삶을 변호하는 것은 더 깊이 헌신된 삶의 필요성을 절감하게 만들 뿐이다. 그것은 완전히 하나님의 권능 아래 있는 삶이며, 거기에서는 순종이 자연스러워지는 삶이다. 불안전한 삶, 곧 하나님과 교제가 불규칙하거나 끊어진 삶은 온전하고 건강한 순종의 삶을 살도록 길을 열어주기 위해 반드시 치유되어야 한다. 그런 다음에야 완전한 순종이 가능해질 것이다. 그러므로 참된 순종의 비밀은 하나님과 친밀하고 지속적인 교제로 돌아가는 것이다.

그리스도께도 필요한 순종

그리스도께서도 순종을 배우셨다. 그런데 당신은 '왜 순종이 그리스도에게까지 필요할까?' '도대체 그리스도께서 순종을 통해 우리에게 무슨 축복을 가져다주신단 말인가?' 라고 생각할 수 있을 것이다. 그리스도께서도 순종을 배우셔야 우리의 위대한 대제사장으로서 완전해지실 수 있었다. 성경 말씀은 설명하기를 그리스도께서 고난당하신 여러 가지 일을 통해 순종을 배우셨으며, 그리하여 그분께 순종하는 모든 사람에게 영원한 구원의 창시자가 되셨다. "그가 아들이시면서도 받으신 고난으로 순종함을 배워서 온전하게 되셨은즉 자기에게 순종하는 모든 자에게 영원한 구원의 근원이 되시고"(히 5:8-9).

고난은 우리에게 부자연스러운 것이기는 하지만 우리는 고난을 통해 의지를 복종하게 된다. 그리스도께서는 어떤 희생을 치르고서라도 하나님 아버지께 그분의 의지를 굴복시키기 위해 고난을 통해 배우셔야 했다. 그리하여 죽기까지 순종하게 되심으로써 그리스도께서는 우리 구원의 창시자가 될 수 있으셨다.

우리에게 구원을 얻게 하기 위해 그리스도께 순종이 반드시 필요했던 것과 마찬가지로 그리스도께서 허락하시는 구원을 전해 받기 위해서는 우리에게도 순종이 반드시 필요하다. 이 세상에서 고난당하시는 동안이든 저 하늘에서 영광 가운데 계시는 동안이든 간에, 그분 스스로 계시든 우리 안에 계시든 간에 그리스도의 마음은 항상 순종에 고정되어 있었다. 구원의 본질은 하나님께 대한 순종이다. 순종하는 분으로서 그리스도께서는 우리가 그분께 순종할 때 우리를 구원하신다.

이 세상에서 그리스도께서는 순종의 학교에서 배우는 학생이셨지만 저 하늘에서 그리스도께서는 이 세상에 있는 그분의 제자들에게 순종을 가르치신다. 불순종이 다스리고, 그 결과 죽을 수밖에 없는 이 세상에서 순종을 회복시키는 것은 그리스도의 손에 달려 있다. 그리스도께서는 자신의 삶에서나 우리의 삶 속에서나 순종을 유지시키는 책임을 떠맡으셨다. 그래서 우리에게 순종을 가르치시고 우리가 순종하도록 일하신다.

그리스도께서 무엇을 어떻게 가르치시는지 곰곰이 생각해보라. 그분의 순종학교에서 학생이 되기 위해 우리는 얼마나 많이 우리 자신을 내어드리고 있는가? 보통 학교를 생각할 때 가장 중요한 3가지 요소는 선생님, 교과서, 그리고 학생이다. 그러므로 그리스도의 순종학교라는 맥락에서 이와 같은 요소들을 한 번 살펴보자. 그것은 아마도 우리로 하여금 순종을 배우는 일에 자기 자신을 얼마나 적게 헌신해 왔는지를 정확히 보게 할 것이다.

참된 선생이신 예수 그리스도

그리스도께서도 순종을 배우셨다. 그런데 이제 그리스도께서는 하나님 아버지에 대한 자기 자신의 순종에 내재된 비밀을 펼쳐 보임으로써 우리를 가르치신다. 나는 참된 순종의 능력을 하나님과 맺는 명확한 인격적인 관계 속에서 발견할 수 있다고 말해왔다. 그것은 예수 그리스도와도 마찬가지다. 그리스도께서 가르치신 것 가운데 이런 말씀이 있다. "내가 내 자의로 말한 것이 아니요 나를 보내신 아버지께서 내가 말할 것과 이를 것을 친히 명령하여 주셨으니 나는 그의 명령이 영생인줄 아노라. 그러므로 내가 이르는 것은 내 아버지께서 내게 말씀하신 그대로니라"(요 12:49-50).

이것은 세상으로 들어가도록 그리스도에게 내리시는 하나님 아버지의 위임명령 가운데 일부로서 그리스도께서 영원히 단번에 모든 하나님의 명령을 받았다는 뜻은 아니다. 그것은 날마다, 그리스도께서 가르치고 일하시는 순간마다 그분은 인간으로서 하나님과 지속적으로 의사를 소통하는 가운데 계속 살아가면서 필요할 때마다 아버지의 지시를 받았다는 뜻이다.

예수 그리스도께서는 심지어 이렇게 말씀하시지 않았던가!

"아들이 아버지께서 하시는 일을 보지 않고는 아무것도 스스로 할 수 없나니 아버지께서 행하시는 그것을 아들도 그와 같이 행하느니라. 아버지께서 아들을 사랑하사 자기가 행하시는 것을 다 아들에게 보이시고 또 그보다 더 큰일을 보이사 너희로 놀랍게 여기게 하시리라. …아버지께서 아무도 심판하지 아니하시고 심판을 다 아들에게 맡기셨으니 이는 모든 사람으로 아버지를 공경하는 것같이 아들을 공경하게 하려 하심이라. 아들을 공경하지 아니하는 자는 그를 보내신 아버지도 공경하지 아니하느니라. …내가 아무것도 스스로 할 수 없노라. 듣는 대로 심판하노니 나는 나의 뜻대로 하려 하지 않고 나를 보내신 이의 뜻대로 하려 하므로 내 심판은 의로우니라. …만일 내가 판단하여도 내 판단이 참되니 이는 내가 혼자 있는 것이 아니요 나를 보내신 이가 나와 함께 계심이라. …내가 아버지 안에 거하고 아버지는 내 안에 계신 것을 네가 믿지 아니하느냐. 내가 너희에게 이르는 말은 스스로 하는 것이 아니라 아버지께서 내 안에 계셔서 그의 일을 하시는 것이라"(요 5:19-20,22-23,30, 8:16, 14:10).

그러니까 심지어 그리스도께서 하신 말씀조차도 자기 마음대로 하는 게 아니라 자기를 보내신 아버지의 뜻대로 하신 것이다. 순종이란 매 순간 하나님과 교제를 나누는 가운데 하나님의 운행하심을 끊임없이 의지하면서 하나님이 말씀하시고 행하시고 보여주신 그대로 듣고 보는 것이다.

우리 주님은 항상 그분 자신과 우리의 관계뿐만 아니라 그분을 통한 하나님 아버지와 우리의 관계에 평행하게 대조를 이루는 것으로써 하나님 아버지와 그분의 관계에 대해 말씀하셨다. 이처럼 평행하게 대조를 이루는 관계는 또한 그와 동일한 약속을 전해주었다. 이 세상에서 하나님 아버지와 맺는 관계에서 그리스도의 처지처럼 우리도 그와 마찬가지다. 곧 우리에게 지속적인 순종의 삶은 아들과 지속적인 교제를 나누면서 계속 가르침을 받지 않고서는 불가능하다.

우리는 하나님의 권능을 믿으면서 우리의 삶 속으로 그분을 받아들여야 한다. 우리는 예수님이 믿었던 것과 마찬가지 방식으로 하나님의 존재가 영원하다는 사실을 믿어야 한다. 오직 그럴 때라야 우리는 모든 생각을 사로잡아 그리스도께 순종할 수 있다. "하나님 아는 것을 대적하여 높아진 것을 다 무너뜨리고 모든 생각을 사로잡아 그리스도에게 복종하게 하니"(고후 10:5).

하나님 자신으로부터 지속적으로 명령과 지시를 받아야 할 절대적인 필요성은 성경에서 "오직 내가 이것을 그들에게 명령하여 이르기를 너희는 내 목소리를 들으라. 그리하면 나는 너희 하나님이 되겠고 너희는 내 백성이 되리라. 너희는 내가 명령한 모든 길로 걸어가라"(렘 7:23)고 말씀하실 때 내포된 의미이다. "계명에 순종하라"는 표현은 성경에서 거의 사용되지 않는다. 오히려 하나님은 대개 "나에게 순종하라"거나 "내 음성을 듣고 순종하라"고 말씀하신다.

아무리 군사령관이요, 학교 선생님이요, 한 가정의 가장이라 하더라도 단순히 어떤 규율이나 보상이나 위협으로는 순종을 얻어내지 못한다. 순종을 얻을 수 있는 것은 지시를 내리는 사람의 인격적이고 살아 있는 영향력, 깨어 있는 사랑과 열정이다. 우리에게 참된 순종의 기쁨과 능력을 제공하는 것은 하나님 아버지의 음성을 듣는 데서 비롯된다. 하나님의 음성은 말씀에 순종할 수 있는 힘을 부여한다. 하나님의 살아 있는 생생한 음성을 듣지 못하게 하는 말씀은 우리에게 아무런 유익을 가져다주지 못한다.

이와 같은 원리를 성경에서는 이스라엘 백성들을 통해서 볼 수 있는 것과 명확하게 대비시키고 있다. 이스라엘 백성들은 시내산에서 하나님의 음성을 듣고 두려워했다. 그 사람들은 모세에게 요청하여 이제 더는 하나님이 자신들에게 직접 말씀하시지 않도록 하였다. 이스라엘 백성들은 자신들을 대신하여 모세로 하여금 하나님의 말씀을 받아서 전달해주기를 원했다. 그 사람들은 오직 명령에 대해서만 생각했다. 그 사람들은 순종할 수 있는 힘이 우리에게 말씀하시는 하나님의 임재와 음성 안에 있다는 사실을 몰랐다. 그리하여 그들은 하나님과 직접적으로 접촉하기를 두려워했기에 오직 모세와 돌판만이 자신들에게 말하도록 함으로써 이스라엘 역사를 불순종의 역사로 얼룩지게 만들었다.

오늘날에도 그리스도인들은 이와 같은 실수를 흔히 저지른다. 수많은 그리스도인들은 직접적으로 하나님을 섬기기보다, 그리고 직접 하나님으로부터 가르침을 받기보다 경건한 사람들에게 가르침을 얻는 것이 훨씬 더 쉽다고 생각한다. 그 사람들의 믿음은 하나님의 권능이 아니라 인간의 지혜에 기초해 있다(고전 2:5 참고).

그러므로 우리는 매 순간 하나님 아버지께서 가르치셨던 것들을 정확히 바라보고 듣기 위해 기다림으로써 순종을 배웠던 우리 주님의 커다란 교훈을 배워야 한다. 곧 우리가 하나님이 요구하시는 순종을 올려드리기 위해 시도할 수 있는 것은 오직 주님처럼, 주님과 더불어, 주님 안에서, 주님을 통해 우리가 하나님과 지속적으로 동행할 수 있으며, 계속해서 하나님의 음성을 들을 수 있을 때이다.

그리스도께서는 그분 자신의 삶과 경험을 통한 경륜의 깊이로부터 우리에게 순종을 허락하실 수 있을 뿐만 아니라 가르치실 수도 있다. 그리스도께 필요했던 것과 같은 능력을 제대로 갖추지 않은 채 순종하려고 시도하는 모든 것이 얼마나 어리석고 무익한지를 깨달아야 한다. 그리고 하나님 아버지의 끊임없는 임재에 대해 그리스도와 같은 기쁨을 누리기 위해 기꺼이 모든 것을 포기하게 해달라고 하나님께 기도해야 한다.

|

유일한 교과서, 성경

그리스도께서 하나님 아버지와 직접 소통하신다 해도 그분께도 역시 말씀이 필요했다. 하나님의 순종학교에서는 그리스도를 위해서든 하나님의 어린 자녀들을 위해서든 오직 한 가지 교재가 있다. 그리스도께서 순종을 배우실 때 그분은 우리에게 있는 것과 동일한 교재를 사용하셨다. 그리고 그리스도께서는 다른 사람들을 가르치거나 다른 사람들에게 확신을 심어줄 때뿐만 아니라 자기 자신의 영성생활과 인도하심을 받아야 할 때도 역시 그 말씀이 필요했으며 그 말씀을 사용하셨다.

자신의 공생애를 시작하는 순간부터 마치는 순간까지 그리스도께서는 하나님의 말씀에 따라 살아가셨다. "성경에 기록하기를"이라는 말씀은 그리스도께서 사탄을 이기신 성령의 검이었다(마 4:4,7,10). "주의 성령이 내게 임하셨으니 이는 가난한 자에게 복음을 전하게 하시려고 내게 기름을 부으시고 나를 보내사 포로 된 자에게 자유를 눈 먼 자에게 다시 보게 함을 전파하며 눌린 자를 자유롭게 하고 주의 은혜의 해를 전파하게 하려 하심이라"(눅 4:18-19). 이 성경 말씀은 그리스도께서 복음을 전하실 때 자각시켜준 말씀이었다.

"성경을 응하게 함이니이다"(요 17:12)라는 비전은 그리스도께서 모든 고난을 순순히 받아들인, 심지어 죽음에라도 묵묵히 자신을 내어주셨던 빛이었다. 부활 이후에도 그리스도께서는 자신에 관한 일들을 제자들에게 상세히 설명하면서 성경을 사용하셨다. "이에 모세와 모든 선지자의 글로 시작하여 모든 성경에 쓴 바 자기에 관한 것을 자세히 설명하시니라"(눅 24:27). 그리스도께서는 자신을 위해 정해진 하나님의 계획과 길을 성경에서 찾아내셨다. 그리스도께서는 이 계획이 성취되도록 자신을 내어주셨다. 친히 하나님의 말씀을 사용하시면서 지속적이고 직접적인 하나님 아버지의 가르침을 받으셨다.

하나님의 순종학교에서 성경은 유일한 교과서이다. 이와 같은 사실은 우리가 어떤 태도로 성경에 다가가야 하는지를 알려준다. 우리는 단지 자신에 대한 하나님의 뜻을 찾아내려는 단순한 소망을 가지고 성경에 다가가야 하며 실제로도 그렇게 해야 한다.

성경은 우리의 지식을 늘이기 위해서가 아니라 우리의 행동을 인도하기 위해 기록되었기 때문에 하나님의 백성으로 우리가 온전해져서 모든 선한 일을 행할 만한 능력을 두루 갖출 수 있게 된다(딤후 3:17). "사람이 하나님의 뜻을 행하려 하면 이 교훈이 하나님께로부터 왔는지 내가 스스로 말함인지 알리라"(요 7:17).

그러므로 우리는 성경에 있는 모든 것을 하나님의 계시로 여기셨던 예수 그리스도께 배워야 한다. 그리스도의 사랑과 권고는 하나님의 거대한 목적을 이루도록 도와준다. 곧 하나님의 백성이 하늘에서 하나님의 뜻이 이루어진 것처럼 이 땅에서도 그분의 뜻을 행하도록 준비시키는 것이다. 그리스도께서는 사람들에게서 온전한 순종과 축복이 회복되기를 원하신다. 하나님, 그분의 사랑, 그분의 권고에 대한 성경의 계시는 그와 같은 하나님의 주요목적에는 부차적인 것이다.

하나님의 순종학교에서 성경은 유일한 교과서이다. 그리스도 자신의 삶과 행위에서 하나님의 말씀을 적용하기 위해, 각각의 특정한 말씀을 언제 적용할 수 있는지를 알아내기 위해 그리스도께서는 하나님의 가르침이 필요했으며, 그리하여 시시때때로 가르침을 받으셨다. 이사야서를 통해 그리스도께서는 이렇게 말씀하셨다. "주 여호와께서 학자들의 혀를 내게 주사 나로 곤고한 자를 말로 어떻게 도와줄 줄을 알게 하시고 아침마다 깨우치시되 나의 귀를 깨우치사 학자들같이 알아듣게 하시도다. 주 여호와께서 나의 귀를 여셨으므로 내가 거역하지도 아니하며 뒤로 물러가지도 아니하며"(사 50:4-5).

그리스도께서는 말씀의 신성한 해설자로서 우리에게 성령을 허락하심으로써 이와 같은 방식으로 우리를 가르치신다. 이것은 우리 안에 내주하시는 성령의 커다란 사역이다. 우리가 말씀을 읽을 때 성령이 우리 마음속에 씨앗을 뿌리신다. 성령은 우리로 하여금 말씀을 생각하도록 지도하신다. 그 말씀이 우리의 의지, 사랑, 전 존재에 효과적으로 역사한다. 우리가 이것을 제대로 이해하지 못할 때 그 말씀은 우리가 순종의 삶을 살 수 있을 만큼 충분한 능력을 발휘하지 못한다.

이에 관해 아주 솔직히 말해보자. 우리는 성경 연구에 대한 훨씬 증가된 관심, 그런 식으로 일깨워진 관심에 대한 간증, 그로 말미암아 받는 여러 가지 혜택을 기뻐한다. 그러나 우리 자신을 속이지는 말자. 우리가 스스로 성경을 연구하면서 기뻐할 수는 있을 것이다. 그러는 가운데 성경을 바라보는 여러 가지 관점에 감탄하면서 매력을 느낄 수도 있을 것이다. 그 과정에서 제시되는 여러 가지 생각이 깊은 인상을 심어줄 수도 있을 것이며, 가장 유쾌한 신앙심을 일깨울 수도 있을 것이다.

그러나 막상 어떤 섬김이나 고난을 위해 우리를 거룩하고 겸손하게, 그리고 사랑하며 인내할 수 있도록 준비시키는 구체적인 영향력은 굉장히 적다. 그것은 우리가 성경을 살아계신 하나님의 말씀으로 받아들이지 않기 때문이다. 말씀의 거룩한 능력이 우리에게 드러나도록 하기 위해 친히 말씀하셔야 하는 분은 하나님이시다.

그러나 우리가 아무리 열심히 말씀을 연구하고 그 말씀을 기뻐한다 하더라도 말씀의 문자 자체에는 아무런 구원의 능력이나 성화시키는 능력이 없다. 아무리 열심히 노력한다 할지라도 인간의 지혜와 의지는 그와 같은 능력을 내놓거나 명령을 내릴 수 없다. 성령은 하나님의 전능하신 능력이다. 우리에게 명령된 바로 그것을 순종할 수 있도록 진정으로 힘을 실어주는 것은 오직 "하늘로부터 보내신 성령을 힘입어 복음을 전하는"(벧전 1:12) 사람이나 거룩한 책을 통해 복음이 우리에게 전파될 때 성령이 우리를 가르치시는 바로 그때이다.

흔히 사람들에게는 능력이 부족하기 때문에 알고 행하고 뜻을 품고 실행하는 것이 서로 다르고, 심지어 서로 정반대의 입장을 취하기도 한다. 그러나 성령 안에서는 절대 그런 일이 일어날 수 없다. 성령은 하나님의 빛이신 동시에 하나님의 전능하심이다. 성령의 모든 존재와 행하시는 것과 베푸시는 것은 전부 동일하게 하나님의 빛과 능력을 포함하고 있다. 성령이 우리에게 하나님의 명령을 보여주실 때 그분은 항상 충분히 순종할 만하고 확실한 것을 우리에게 보여주신다. 성령은 얼마든지 베푸실 수 있는 것으로써 우리를 위해 예비된 거룩한 삶과 선물을 우리에게 보여주신다.

우리는 그리스도께서 자신도 그러셨던 것처럼 하나님께 순종하도록 우리를 진정으로 가르칠 수 있는 것은 오직 성령을 통해 그분이 우리의 마음속에서 말씀을 이해하고 받아들이도록 가르치실 때만 가능하다고 믿어야 한다. 성경을 펼칠 때마다 우리가 거룩한 성령의 영감을 받은 말씀을 확실히 경청하는 만큼 하나님도 믿음의 기도와 끈기 있는 기다림에 응답하시면서 우리 마음속에 살아 있는 성령의 운행하심을 허락하신다는 사실을 믿어야 한다.

그러므로 모든 성경 공부가 믿음 안에서 이루어지도록 해야 한다. 단순히 우리가 읽는 진리나 약속들을 억지로 믿으려고 애쓸 필요는 없다. 그렇게 되면 우리의 믿음이 자기 자신의 힘을 의지하게 될 수도 있기 때문이다. 성령을 믿고, 성령의 내주하심을 믿고, 성령을 통해 우리 안에서 일하시는 하나님의 역사하심을 믿어라. 성령이 우리로 하여금 하나님의 말씀을 사랑하고 순복하고 지키게 할 수 있다는 잔잔한 믿음을 가지고 온 마음을 다해 말씀을 받아들여라. 그러면 우리의 복되신 주 예수 그리스도께서는 "이에 모세와 모든 선지자의 글로 시작하여 모든 성경에 쓴 바 자기에 관한 것을 자세히 설명"(눅 24:27)하실 때 그분께 의미하셨던 것이 우리에게도 역시 동일한 의미로 다가오도록 만들어주실 것이다. 그러면 비로소 모든 성경은 하나님이 우리를 위해, 우리 안에서, 우리를 통해 행하려고 의도하시는 것에 대한 단순한 계시로 변할 것이다.

선생님께 전적으로 순종하는 학생

지금까지 우리는 주님이 순종을 배우신 비밀을 펼쳐놓으심으로써 어떻게 우리에게 순종을 가르치시는지 살펴보았다. 주님은 끊임없이 하나님 아버지를 의존하시는 모습을 우리에게 보여주셨다. 우리는 지금까지 주님이 성경을 사용하신 것처럼 하나님이 우리에게 명하신 것에 대한 거룩한 계시로서 거룩한 책인 성경을 사용하는 법을 어떻게 가르시는지를 살펴보았다.

우리 주님은 우리 안에서 성경 말씀을 상세히 설명하시고 그 말씀을 강력히 실행하도록 성령을 허락하셨다. 만약 우리가 우리를 순종학교의 학생이라고 생각한다면 우리는 하나님의 아들이신 예수 그리스도께서 우리 안에서 효과적으로 그분의 일을 행하기 위해 요구하시는 것들을 훨씬 더 잘 이해하게 될 것이다.

신실한 학생에게는 신뢰할 만한 선생님에 대한 태도를 결정하는 몇 가지 요소가 있다. 그 학생은 선생님의 지도에 완전히 자기 자신을 순복시킨다. 그 학생은 선생님을 완벽하게 신뢰한다. 그 학생은 선생님이 요구하시는 대로 많은 시간과 관심을 선생님께 쏟는다.

예수 그리스도께 이 모든 것에 관한 권리가 있다는 사실을 알고 동의할 때 우리는 주님이 자신과 같은 순종을 우리에게 가르치실 수 있는지를 얼마든지 경험하리라고 소망할 수 있다.

이에 대해 위대한 음악가와 화가들은 이렇게 말한다. "좋은 학생은 온 마음을 다해 주저 없이 자기 스승에게 순복한다. 그 학생은 음계를 연습하거나 색깔을 조합하는 과정에서, 여러 가지 예술적인 요소들을 점진적으로 끈기 있게 공부하는 과정에서 자기 선생님께 단순하고 완전하게 순종하는 것이 가장 현명한 일이라는 사실을 알게 된다."

그리스도께서 요구하시는 것도 바로 그분의 인도하심에 대한 이와 같은 전폭적인 순복, 그분의 권위에 대한 이와 같은 무조건적인 복종이다. 우리가 모든 것에서 하나님께 순종하는 법을 가르쳐달라고 겸손히 그리스도께 요청할 때 그분은 우리에게 대가를 지불할 준비가 되어 있는지 여부를 물으신다. 그 대가란 전적으로, 그리고 완전히 자신을 부인하는 것이다! 그것은 심지어 죽기까지 우리의 의지와 우리의 삶을 포기하는 것이다! 그것은 그리스도께서 무엇을 말씀하시든지 그대로 행할 준비가 되어 있는 상태이다!

무슨 일을 할 수 있는 법을 배우는 유일한 길은 실제로 그것을 해보는 것이다. 그리스도로부터 순종을 배우는 유일한 길은 우리의 의지를 포기하고 그분의 뜻을 행하는 것을 우리 마음의 소원과 기쁨으로 삼는 것이다. 만약 우리가 그리스도의 학교에서 이와 같은 수업에 들어가려고 할 때 절대적인 순종을 서약하지 않는다면 어떤 실질적인 진전을 이루어내기란 사실상 불가능하다.

위대한 스승의 진정한 학생은 단지 자기 스승을 무조건적으로 신뢰하기 때문에 이와 같은 흔들리지 않는 순종을 스승에게 아주 쉽게 보여준다. 그 학생은 더 높은 권위를 통해 인도받기 위해 자기 자신의 지혜와 의지를 기쁜 마음으로 희생한다.

우리에게는 주 예수 그리스도에 대한 이와 같은 확신이 필요하다. 예수님은 순종을 배워서 우리에게 순종을 가르치실 수 있도록 하기 위해 하늘에서 이 땅으로 내려오셨다. 예수 그리스도의 순종은 우리 과거의 빚이 지불되고 우리 현재의 순종을 위한 은혜가 베풀어지는 보고(寶庫)이다. 예수님의 거룩한 사랑과 완전한 인간적인 연민 속에서, 우리 마음과 삶에 대한 예수님의 거룩한 능력 속에서 그리스도께서는 우리를 초대하시고, 우리의 신뢰를 받으실 만하며, 결국에는 우리의 신뢰를 얻어내신다.

예수님은 그분에 대한 우리의 애정과 찬양을 통해 우리를 만지신다. 예수님의 거룩한 사랑의 능력을 통해 그분의 성령은 우리 안에서 넘치는 사랑의 반응을 일깨우신다. 그런 다음에 예수님은 우리에게 확신을 불어넣으시며 참된 성공의 비밀을 알려주신다.

우리의 불순종을 속죄하시는 구세주로서 예수님을 절대적으로 신뢰하는 만큼 우리는 그로 말미암아 우리를 인도하시는 선생님으로서 예수님을 신뢰할 수 있다. 그리스도께서는 우리의 선지자이자 선생님이시다. 선생님으로서 그분의 능력과 성공을 열성적으로 믿는 마음은 그와 같은 믿음의 기쁨을 통해 쉽게 하나님께 순종하게 된다. 우리에게 참된 순종의 열쇠가 되는 것은 바로 온종일 우리와 함께하시는 그리스도의 임재이다. 학생은 자기 스승이 요청하는 대로 얼마든지 많은 참여와 관심을 그 스승에게 보인다. 그 반응에 따라 스승은 개인적인 교제와 가르침에 얼마나 많은 시간을 보내야 할지를 결정한다.

하나님에 대한 순종은 천상의 예술이다. 우리 인간의 본성은 거기에 너무나 철저히 생소하다. 우리는 왜 순종이 항상 그다지 쉽게 찾아오지 않는지에 대해 의아해하지 말아야 한다. 왜냐하면 하나님의 아들 자신도 순종에 관해 배웠던 것은 굉장히 느리고 오랜 길을 걸어야 했기 때문이다. 또한 다른 대다수의 성도들이 기도, 묵상, 그리고 의존적인 자기희생에 자기 자신을 내줄 준비가 되어 있는 것보다 왜 우리 자신이 훨씬 더 많은 시간을 보내야 하는지 의아하게 여기지도 말아야 한다.

예수 그리스도 안에서 천상의 순종은 다시금 인간적인 것으로 변화되었다. 순종은 우리의 생존권이자 생명의 호흡으로 변화되었다. 그러므로 우리는 주님께 바짝 달라붙어 있어야 한다. 우리 주님의 내주하시는 임재를 믿고 요청해야 한다. 우리의 구세주로서 순종을 배우셨을 뿐만 아니라 우리의 스승으로서 순종을 가르쳐주시는 예수 그리스도와 더불어 순종의 삶을 살아야 한다. 그리스도의 순종은 우리의 구원이다.

우리는 하나님께 기도하면서 어떻게 그리스도와 그분의 순종이 우리 일상생활의 일부가 될 수 있는지 보여달라고 요청해야 한다. 그런 다음에 우리는 그리스도께 자신의 모든 마음과 시간을 내어드리는 생도로 변화시켜달라고 간청해야 한다. 그러면 그리스도께서 우리로 하여금 그분의 계명을 지키고 그분의 사랑 안에서 살 수 있도록 가르쳐주실 것이다. 마치 그리스도께서 하나님 아버지의 계명을 지키고 그분의 사랑 안에서 살아가시는 것처럼 말이다.

순종의 갈망은
------------------- 기도를 통해 이루어진다

제사하는 처음 익은 곡식 가루가 거룩한즉 떡덩이도 그러하고
뿌리가 거룩한즉 가지도 그러하니라. 로마서 11:16.

거룩한 안식일, 곧 한 주간의 첫날은 하나님의 놀라운 축복의
날이다. 그날은 단지 우리가 따분한 일상생활에서 안식하면서
영적으로 재충전하는 날이 아니라 한 주간을 시작하는 거룩한
날로서 전체 주간을 거룩하게 성별할 수 있게 만든다. 그날은
우리를 도와 그 주간과 우리의 일상에서 벌어지는 일이 하나님
의 거룩하신 임재 가운데로 들어갈 수 있도록 준비시킨다. 첫
열매를 거룩하게 만듦으로써 전체 덩어리도 역시 거룩하게 된

다. 뿌리를 거룩하게 만듦으로써 전체 가지도 역시 거룩해지게 된다.

구약성경에는 새벽 시간에 기도한 결과, 온종일 당하는 시험을 이길 만한 힘을 제공하시는 하나님의 수많은 유형과 본보기로 가득하다. 그와 같은 새벽 시간에 형성된 말할 수 없을 만큼 은혜로운 유대감은 하나님과 우리를 하나로 연합시켜 단단하게 묶어준다. 그 결과 온갖 분주한 일들과 다양한 부류의 사람들로 인해 우리가 거의 하나님을 생각할 수 없을 때조차도 우리의 영혼을 안전하고 순결하게 지켜낼 수 있게 만든다.

그 영혼은 은밀히 예배를 드리는 동안 하나님의 보호하심에 너무나 완벽하게 자기 자신을 내어드릴 수 있기에 각종 유혹은 오히려 하나님과 그 영혼을 더욱 친밀하게 묶어줄 수 있을 뿐이다. 새벽기도가 예수님에 대한 우리의 순종과 예수님에 대한 우리의 믿음을 갱신시키고 강화시킬 수 있다는 사실이 얼마나 놀라운 찬양과 기쁨의 원천이 된단 말인가! 순종의 삶은 신선한 활력을 불어넣어 계속해서 힘을 얻고 더 얻어 나아갈 수 있게 된다. "그들은 힘을 얻고 더 얻어 나아가 시온에서 하나님 앞에 각기 나타나리이다"(시 84:7).

순종과 새벽기도 사이의 결합은 본질적이고 지극히 중대하다. 완전한 순종의 삶에 대한 갈망은 새벽기도에 대한 새로운 의미와 가치를 부여할 것이다. 왜냐하면 새벽기도 자체만으로도 날마다 우리에게 필요한 새로운 힘과 용기를 제공하기 때문이다. "아침에 나로 하여금 주의 인자한 말씀을 듣게 하소서. 내가 주를 의뢰함이니이다. 내가 다닐 길을 알게 하소서. 내가 내 영혼을 주께 드림이니이다"(시 143:8).

만약 우리가 자신의 신앙생활에서 단지 의무이자 필요한 부분으로써만 기도를 바라본다면 그것은 머지않아 짐이 될 것이다. 또한 우리가 자기 자신의 행복과 안전만을 생각하면서 기도한다면 기도가 그다지 매력적이지 않게 될 것이다. 오직 한 가지만이 지속적으로 하나님과 교제하도록 우리를 신실하게 만든다. 그것은 다름 아닌 하나님과 교제를 나누고 싶다는 진실한 갈망이다.

이것이 바로 하나님이 우리를 그분의 형상을 따라 지으신 이유이다. 그분의 형상을 따라 살아가는 것만이 여기에서나 천국에서나 우리로 하여금 진실하고 축복된 삶을 살아가도록 준비시킬 수 있다. 하나님은 우리를 초대하여 그분의 은밀한 골방으로 들어가 그분을 더욱 잘 알 수 있도록, 그분과 더불어 사랑과 능력의 소통이 가능하도록 우리의 삶이 그분으로 충만해지게 하신다.

우리의 영성생활이 시험받고 강화되는 것은 바로 은밀한 새벽기도를 통해서다. 그와 같은 기도는 우리가 하나님께 절대적인 순종을 드릴지 말지의 여부를 결정하는 전장(戰場)이다. 만약 우리가 진정으로 그 전장을 정복하여 우리 자신을 전능하신 주님의 손에 날마다 내어드린다면 그날의 승리는 언제나 확실하다. 우리가 진정으로 하나님을 기뻐하는지, 온 마음을 다해 하나님을 사랑하는지를 증명하는 곳이 바로 이 은밀한 골방이다.

여기서 우리가 기억해야 할 첫 번째 교훈은 하나님의 임재가 새벽기도 시간에서 가장 중요한 부분이 되어야 한다는 점이다. 새벽기도 시간 이면에 숨어 있는 목적이 하나님의 축복을 발견하는 것임을 배울 때 우리는 그 시간을 갈망하면서 새벽기도 중에 기뻐하는 법을 배우게 될 것이다. 우리는 하나님을 만나는 시간을 소중히 여기는 가운데 하나님의 뜻에 우리 자신을 내어드리고, 우리가 하나님을 기쁘게 해드린다는 사실을 알게 되고, 하나님이 우리에게 안수하시면서 우리를 축복하시고, 우리에게 지시를 내리시도록 해야 한다. 그러면 하나님은 "너는 가서 이 너의 힘으로 이스라엘을 미디안의 손에서 구원하라. 내가 너를 보낸 것이 아니냐"(삿 6:14)라고 말씀하실 것이다.

듣고 깨닫고 순종하기 위한 성경 읽기

성경 읽기는 새벽기도 시간 가운데 일부를 차지한다. 이 새벽 기도에 관해 특별히 언급하고 싶은 몇 가지가 있다. 만약 우리가 세심하게 주의를 기울이지 않는다면 우리에게 하나님을 가르쳐주어야 할 말씀이 사실상 훼방을 놓아 우리에게서 하나님을 숨길 수도 있다.

우리의 사고영역에서는 무엇인가를 발견하는 데만 관심을 두고 그것만을 기뻐할 수도 있을 것이다. 그러나 이것은 단지 머리에 든 지식에 지나지 않기 때문에 우리에게 그다지 영적인 유익을 가져다주지 못할 수도 있다. 만약 성경 읽기가 궁극적으로 하나님을 의지하고, 하나님께 영광을 돌리고, 우리의 삶을 유쾌하고 거룩하게 만들기 위한 하나님의 은혜와 권능을 받도록 이끌지 못한다면 그와 같은 성경 읽기는 우리의 영성생활에 커다란 도움을 주기보다는 오히려 방해만 될 것이다.

아무리 자주 되풀이하거나 아무리 간절하게 주장하더라도 지나치지 않은 또 다른 교훈은 우리가 하나님의 말씀에 대한 참된 의미에 도달할 수 있는 것은 오직 성령의 가르침을 통해서일

뿐이라는 점이다. 오직 성령을 통해서만 그 말씀이 우리의 내면으로 꿰뚫고 들어올 것이며 우리 안에서 진정으로 역사하게 될 것이다.

거룩한 신비와 메시지를 담은 그분의 말씀을 하늘에서 내려주시는 우리 하나님 아버지께서는 그 말씀을 해석하여 적절히 활용할 수 있도록 우리 안에 그분의 성령을 보내주신다. 하나님 아버지께서는 매 순간 성령을 통해 우리에게 가르침을 주기 원하신다. 하나님은 우리로 하여금 가르침을 받을 만한 생각의 틀속으로 들어가서 성령이 하나님의 말씀을 살아 있게 하시며, 우리 안에서 역사하도록 하신다고 믿기를 바라신다. 하나님은 자신이 우리에게 성령을 허락하셔서 결과적으로 우리가 성령의 인도하심을 받고, 성령을 따라 걸어가며, 우리의 모든 삶을 성령의 다스림 아래 두게 하셨다는 사실을 기억하길 바라신다.

그러므로 만약 우리가 정직하게 성령의 인도하심에 자기 자신을 내어드리지 않는다면 성령은 새벽 시간에 우리를 가르치실 수 없을 것이다. 그러나 만약 우리가 그렇게 자신을 내어드리면서 끈기 있게 성령을 기다리는 가운데 그분을 섬긴다면, 여러 가지 새로운 사상을 받아들이는 것이 아니라 우리 마음속에 말씀의 능력을 받아들인다면 우리는 성령의 가르침을 충분히 헤아릴 수 있게 될 것이다.

그렇기에 우리의 은밀한 골방이 교실이 되게 해야 한다. 우리의 새벽기도 시간이 공부시간이 되게 하여 바로 이때 성령의 가르침에 전적으로 의존하고 순복하는 관계를 증명하도록 해야 한다. 또한 항상 무조건적인 순복의 정신으로 순종하기 위해 하나님의 말씀을 연구해야 한다. 우리는 그리스도께서, 그리고 그분의 사도들이 서신들에서 하나님의 말씀을 듣고서도 행하지 않는 것에 대해 얼마나 자주 언급하셨는지 잘 알고 있다. 만약 우리가 순종하겠다는 간절한 마음과 아주 명확한 목적 없이 단지 성경을 공부하는 데 익숙해져 있다면 우리는 불순종하는 가운데 자신의 마음을 단단하게 만들 뿐이다.

또한 즉각적으로 말씀을 실행하기 위해 정직하게 자기 자신을 내어드리지 않는다면 하나님의 뜻을 담고 있는 성경 말씀을 읽어서는 안 된다. 그렇게 할 수 있도록 하나님의 은혜를 구하라. 하나님은 우리에게 행하기를 원하시는 것을 말씀하기 위해, 그리고 어떻게 하나님이 그것을 행할 수 있는 은혜를 제공하시는지 알려주기 위해 우리에게 그분의 말씀을 허락하셨다. 성경을 읽고서 거기에 순종하려는 어떤 진지한 노력 없이 단지 말씀을 경건한 것이라고만 생각한다는 사실은 얼마나 슬픈 일인가! 하나님이 우리를 이처럼 끔찍한 죄에서 지켜주시도록 기도하라! 하나님께 이렇게 말씀드리는 거룩한 습관을 길러보자. "주님, 제가 당신의 뜻이라고 알고 있는 것이라면 무엇이든지 즉각적으로 순종하도록 하겠습니다." 항상 기꺼이 순종하려는 마음을 가지고 성경을 읽어라.

지금까지 나는 계속해서 우리가 이미 잘 알고 있는 여러 가지 명령을 언급해왔다. 그리고 쉽게 이해할 수 있는 명령을 언급하기도 하였다. 그러나 우리가 지금까지 전혀 주목하지 않았을 수도 있는 명령도 상당히 많으며, 그 적용 범위가 너무 넓고 끊임없어서 쉽게 이해할 수 없는 다른 명령도 상당히 많다는 사실을 기억하기 바란다.

그러므로 하나님의 뜻을 모두 알아내고 싶다는 깊은 열망으로 하나님의 말씀을 읽어야 한다. 만약 어려워 보이는 것이나, 너무 힘들어 보이는 명령이나, 행하기 위해서는 하나님의 인도하심이 필요하다고 생각되는 명령이 있다면, 그것들이 당신으로 하여금 하나님의 거룩하신 가르침을 찾아 나서도록 몰아가야 한다. 가장 많은 축복을 가져다주는 것은 아주 쉽고 가장 많이 격려하는 본문이 아니다. 쉽든 어렵든 간에 가장 커다란 축복을 가져다주는 것은 당신을 하나님께 가장 많이 내던지게 하는 본문이다. 하나님은 우리가 모든 신령한 지혜와 총명에 하나님의 뜻을 아는 것으로 채우기를 원하신다. "이로써 우리도 듣던 날부터 너희를 위하여 기도하기를 그치지 아니하고 구하노니 너희로 하여금 모든 신령한 지혜와 총명에 하나님의 뜻을 아는 것으로 채우게 하시고"(골 1:9).

이처럼 놀라운 일이 이루어지는 것은 바로 새벽기도를 통해서다. 새벽기도 시간이야말로 하나님이 우리에게 어떤 일을 행할 만한 힘을 주실 것이라 확신할 수 있도록 말씀하고 계신다는 사실을 알게 되는 유일한 때이다. 그리고 우리가 기꺼이 하나님의 뜻에 관한 모든 것을 더 많이 알고 싶어 하면서 하나님이 시시때때로 우리에게 그 뜻에 관해 더 많은 것을 계시하실 것이며, 우리가 그 뜻을 모두 행할 수 있도록 도우실 것이라는 사실을 깨닫는 유일한 때이다.

새벽기도 시간이 날마다 하나님을 만나기로 결정한 사람의 삶에 얼마나 놀라운 권능을 부어주겠는가! 절대적인 순종으로 자신의 순종적인 삶을 새롭게 하면서 성령이 하나님의 뜻을 가르쳐주시기를 겸손하고 끈기 있게 기다리는 사람은 말씀 속에 제시된 온갖 보장과 약속이 진실하다는 사실을 확실히 발견하게 될 것이다. 이런 생각들에 비추어서 나는 새벽기도 시간에 무엇을 기도해야 할지에 관해 몇 마디 덧붙이고 싶다.

하나님의 임재를 위해

먼저 하나님의 임재를 단단히 붙들어라. 단지 하나님이 사랑 가운데 당신을 바라보며 당신에게 귀를 기울이는 동시에 당신 안에서 일하고 계신다는 확신을 갖는 것에만 만족해서는 안 된다.

만약 우리의 일상생활이 하나님으로 충만하게 된다면 그날 하루의 삶에 하나님의 인장을 찍을 수 있도록 날마다 새벽기도가 필요하다. 신앙생활을 하면서 우리에게는 하나님이 점점 더 많이 필요하다. 하나님의 사랑, 하나님의 뜻, 하나님의 거룩하심, 우리 안에 살아계신 성령, 그리고 우리 안에서 역사하시는 하나님의 능력이 더 많이 필요하다. 하늘 아래서 하나님과 친밀한 인격적인 교제를 나누지 않고서는 여기에 도달할 수 있는 방법이 전혀 없다. 하나님과 교제를 확고히 나누고 연습하기 위해서는 우리의 새벽기도 시간보다 더 나은 시간이란 없다.

우리 그리스도인의 섬김에서 피상적이고 연약한 모습이 나타나는 것은 모두 하나님과 실질적인 접촉이 거의 이루어지지 않는 데서 비롯된다. 오직 하나님만이 모든 사랑과 선과 행복의 근원이기 때문에 우리의 신뢰와 지고한 행복도 역시 그분 안에서만 찾아야 한다. 우리는 하나님 안에서 가능한 한 많이 그분의 임재, 그분과의 교제, 그분의 뜻, 그리고 그분을 섬길 기회를 가지려고 소망해야 한다. 이 모든 것이 정말로 현실화되기 위해서는 새벽기도 가운데 하나님을 만나는 것이 우리의 가장 중요한 첫 번째 우선순위로 자리 잡고 있어야 한다.

하나님이 사람들에게 나타나 말씀하시도록 하기 위해서는 구약시대 믿음의 조상들의 순종 뒤에 숨어 있었던 그와 같은 비밀이 우리에게도 자리 잡고 있어야 한다. 그리고 하나님이 자기 자신을 계시하시도록 은밀한 가운데 하나님께 시간을 내어 드림으로써 당신의 영이 '브니엘'이라는 이름으로 불릴 수 있도록 해야 한다. 그곳은 "내가 하나님과 대면하여 보았으나"(창 32:30)라는 뜻이다.

기도와 완전한 순복을 위해

다음으로 곧 그날을 위한 절대적인 순종으로 당신의 순복을 새롭게 하는 일이 당신의 새벽기도 중에서 주요부분을 차지하도록 해야 한다. 먼저 죄를 고백하라. 하나님을 슬프게 하는 모든 것을 뽑아내고 잘라내라. "만일 네 오른 눈이 너로 실족하게 하거든 빼어 내버리라. 네 백체 중 하나가 없어지고 온 몸이 지옥에 던져지지 않는 것이 유익하며 또한 만일 네 오른손이 너로 실족하게 하거든 찍어 내버리라. 네 백체 중 하나가 없어지고 온 몸이 지옥에 던져지지 않는 것이 유익하니라"(마 5:29-30).

은혜를 위한 기도나 거룩한 동행을 위한 기도도 역시 아주 구체적으로 아뢰라. 기도하는 가운데, 특히 우리에게 필요한 바로 그 은혜와 능력을 믿음으로 구하고, 이미 구한 것은 믿음으로 받아들여라. 날마다 기도를 시작할 때 하나님께 순종하는 것을 주요한 삶의 원리로 지키겠다고 단호히 결단하라.

기도 가운데 하나님의 뜻에 익숙해지는 방법 외에는 하나님의 사랑과 축복 속으로 들어가기 위한 다른 가능한 방법은 거의 없다. 기도하는 가운데 하나님의 축복된 뜻에 당신 자신을 내어드려라. 이것은 온갖 수많은 기도 제목보다 더 많은 것을 당신에게 가져다줄 것이다. 당신에게 커다란 자비를 베풀어달라고 하나님께 간구하여 당신이 하나님의 뜻 가운데로 들어가 거기에서 살아갈 수 있도록 기도하라. 모든 일을 가능하게 하시는 하나님의 능력은 하나님의 뜻을 행하는 일에 축복된 확신을 갖게 만들 것이다.

당신의 기도가 사실상 새벽에 드리는 희생 제사, 곧 주님의 제단에 온전한 번제로서 자기 자신을 올려드리는 상징적인 행위가 되어야 한다. "또 소제를 드리되 그중에서 그의 손에 한 움큼을 채워서 아침 번제물에 더하여 제단 위에서 불사르고" (레 9:17). 당신이 완전한 순종에 순복하는 정도는 곧바로 하나님을 향한 확신의 정도를 나타내게 될 것이다.

|

분명한 보증과 확신을 갖기 위해

또한 하나님과 나누는 진실한 기도와 교제는 일방적일 수 없다는 사실을 기억하기 바란다. 우리는 잠잠히 기다리면서 하나님의 반응에 귀를 기울일 필요가 있다. 이것은 성령의 임무로써 우리에게 하나님의 음성으로 다가오게 한다. 마음속 깊이 숨겨져 있는 곳에, 하나님 아버지께서 우리가 요청한 것들을 우리에게 실행하기 위해 계획할 수 있도록 은밀하지만 분명한 보증을 허락하실 수 있다. 이와 같은 보증을 얻기 위해서는 조용하고 겸손하게 하나님을 기다릴 필요가 있다. 우리는 하나님을 신뢰하는 고요한 믿음 가운데서 기다릴 필요가 있다.

우리가 하나님을 섬기면서 기도하는 가운데 하나님 편에 서 있을 때 하나님은 우리가 간구한 것을 받을 수 있다는 확신을 심어주신다. 하나님은 우리가 순종하는 가운데 자신을 희생 제사로 드린 것이 받아들여졌다는 확신을 우리에게 허락하신다. 그런 다음에야 비로소 우리는 하나님이 우리에게 알고 행하도록 계획하시는 대로 모든 하나님의 뜻 가운데로 우리를 인도하시도록 전적으로 성령을 의지할 수 있다.

만약 우리가 성삼위일체 하나님과 함께 새벽기도로 날마다 한 시간씩 보낸다면 얼마나 놀라운 영광이 새벽기도 가운데 우리에게, 그리고 새벽기도를 통해 우리 일상생활에 찾아오겠는가! 성자 예수님과 성령을 통해 성부 하나님은 그날 하루 동안 우리를 의식적으로 온전히 차지하게 될 것이다.

성별된 중보기도를 위해

마지막으로 가장 중요한 것은 당신의 기도가 다른 사람들을 위한 중보기도가 되도록 하라는 것이다. 하나님 아버지와 나눈 예수님의 모든 교제에서와 마찬가지로 예수 그리스도의 순종에서 가장 본질적인 요소는 그것이 모두 다른 사람들을 위해 이루어졌다는 사실이었다. 가장 지고한 형태의 기도는 중보기도이다. 하나님은 아브라함과 이스라엘과 우리를 선택하셔서 우리로 하여금 세상을 향한 축복이 되도록 하셨다. 우리는 "왕 같은 제사장"(벧전 2:9)이며 제사장 직분을 맡은 백성이다.

단지 우리가 개인적인 진보와 행복을 위한 수단으로써 기도를 이용하는 한 우리는 기도의 충분한 능력을 알 수 없게 된다. 그렇기에 중보기도가 우리 주변에 있는 사람들의 영혼을 위한 진정한 갈망이 되어야 한다. 우리의 중보기도가 그 사람들의 죄와 필요에 따른 짐을 진정으로 짊어져야 한다. 우리의 중보기도가 하나님 나라의 확장을 위한 진정한 탄원이 되어야 한다. 그와 같은 중보기도가 우리의 새벽기도 시간을 성별하게 하는 요소가 되고, 거기에 어떤 새로운 관심과 매력이 있는지를 알아보는 시간이 되어야 한다.

중보기도, 그것이 무슨 의미인지를 깨닫는 게 얼마나 놀라운 일인가! 예수 그리스도의 이름과 의와 가치를 취하는 것, 그것들로 옷 입고 하나님 앞에 그런 모습으로 나타나는 것이란 얼마나 가슴 벅찬 일인가! 이제 그리스도께서 더는 이 세상에 육신으로 계시지 않으니 우리는 "그리스도를 대신하여"(고후 5:20) 각 사람들을 위해 개별적으로 하나씩 이름을 불러가며 하나님께 간구하면서 기도해야 한다.

그리고 하나님의 은혜가 제대로 역사할 수 있도록 각 사람들의 필요를 위해 구체적으로 하나님께 간구하면서 기도해야 한다. 하나님 앞에서 우리 자신이 받아들여진다는 믿음과 더불어 성령의 기름 부으심은 그 일을 위해 우리를 구비시킨다는 믿음을 갖게 되면 우리는 자신의 기도가 "그의 영혼을 사망에서 구원할 것이며"(약 5:20) 하늘의 축복을 이 땅에 가져올 수 있다는 사실을 알게 될 것이다.

새벽기도 시간에 이와 같은 일이 날마다 새로워지고 지속될 수 있다는 사실을 생각하는 것은 얼마나 가슴 설레는 일이란 말인가! 참된 그리스도의 형상이 배양되는 것은 자기 자신의 힘으로 일하는 단순한 열정 이상의 중보기도를 통해서다. 우리가 삶과 축복을 나누어주는 능력 가운데서 자신의 참된 고상함에까지 도달할 수 있는 것은 바로 중보기도를 통해서다. 우리는 교회와 사람들을 위한 사역에서 하나님의 능력을 크게 증진시키기 위한 방편으로 중보기도를 바라보아야 한다.

결론적으로 순종과 새벽기도 사이의 필연적인 연관성에 관해 다시 한 번 생각해보자. 순종 없이는 하나님의 말씀과 하나님의 뜻에 관한 지식 가운데로 들어가는 영적인 능력이 있을 수 없다. 순종 없이는 하나님이 우리의 기도를 듣고 계신다는 확신과 담대함과 자유가 있을 수 없다. 순종은 하나님의 뜻 안에서 그분과 나누는 교제이다. 순종 없이는 하나님이 우리를 위해 예비하신 축복을 바라보고 요청하고 간직할 만한 능력이 있을 수 없다.

다른 한편으로 새벽기도를 통해 하나님과 견고하고 살아 있는 소통을 나누지 않는다면 우리가 순종의 삶을 유지하기란 불가능하다. 순종에 대한 서약이 매일 아침 능력 가운데 새로워지고 위로부터 확인될 수 있는 곳이 바로 그곳이다. 그와 같은 임재와 교제를 통해 순종이 가능하도록 확실히 보장받을 수 있는 곳이 바로 그곳이다. 하나님과 나누는 새벽 교제를 통해, 그분에 대한 순종을 통해 우리는 하나님이 요구하시는 모든 일을 행할 수 있는 힘을 부여받게 된다. 우리가 하나님의 뜻을 영적으로 이해할 수 있게 되는 곳도 바로 그곳이다.

하나님은 당신의 자녀들을 부르셔서 놀라운 천상의 초자연적인 삶을 살게 하셨다. 그러므로 날마다 올려 드리는 새벽기도가 천국 문을 열어서 천상의 빛과 능력이 우리의 기다리는 마음속으로 흘러들어오게 해야 한다. 온종일 우리 주 하나님과 동행하기 위해 날마다 새벽기도 자리에서 떠나서는 안 된다. "여호와여 오직 내가 주께 부르짖었사오니 아침에 나의 기도가 주의 앞에 이르리이다"(시 88:13). "너는 내게 부르짖으라. 내가 네게 응답하겠고 네가 알지 못하는 크고 은밀한 일을 네게 보이리라"(렘 33:3).

05

우리는 어떻게 순종의
삶을 살 수 있을까?

그는 근본 하나님의 본체시나 하나님과 동등됨을 취할 것으로 여기지 아니하시고 오히려 자기를 비워 종의 형체를 가지사 사람들과 같이 되셨고 사람의 모양으로 나타나사 자기를 낮추시고 죽기까지 복종하셨으니 곧 십자가에 죽으심이라. 빌립보서 2:6-8.

지금까지 순종의 삶이 무엇인지에 관해 줄곧 언급해왔다. 이제는 어떻게 이와 같은 삶으로 들어갈 수 있는지를 한 번 생각해 보자. 이번 장에서는 우리가 그와 같은 순종의 삶으로 들어가는 것에 관해 나누고자 한다. 그리스도께서는 죽기까지 순종하셨다. 이제 막 순종의 삶을 시작하는 것을 주제로 삼아 논의를 전개하는 상황에서 가장 완전한 형태의 순종을 언급하고 있는 본문을 인용하고 있으므로 당신은 그것이 혹시 실수를 범하고 있는 것이 아닌지 생각할지도 모르겠다. 그러나 그것은 전혀 실수가 아니다. 경주에서 성공의 비결은 출발선에서부터 아주 명확하게 목표를 바라보는 것이다.

"그는… 죽기까지 복종하셨으니 곧 십자가에 죽으심이라"(빌 2:6-8). 우리 가운데 어느 누구에게도 다른 어떤 그리스도는 없으며, 하나님을 기쁘시게 하는 다른 어떤 순종도 없으며, 우리가 따라야 할 다른 본보기도 없으며, 우리가 순종하는 법을 배워야 할 다른 선생님도 없다. 그리스도인은 자기가 목표로 삼을 만한 유일한 순종으로써 즉각적으로 온 마음을 다해 그리스도의 순종을 받아들이지 않기 때문에 감히 상상할 수 없을 정도로 많은 고난을 당한다.

죽기까지 순종하기로 결단하는 것은 어린 그리스도인들에게 커다란 힘을 불어넣는다. 그것은 동시에 그리스도의 아름다움과 영광이다. 그리스도의 순종을 함께 나누어 갖는 것은 그리스도께서 우리에게 틀림없이 베풀어주시는 지고한 축복이다. 그 순종을 갈망하고 거기에 완전히 굴복하는 것은 심지어 가장 어린 그리스도인에게도 가능한 일이다. 다음의 이야기는 예수님이 그분의 백성들에게 원하시는 순종이 어떤 것인지 아주 구체적으로 설명하고 있다.

자신을 따르는 막강한 군대를 거느린 강대국의 어떤 왕이 나라는 작지만 용감한 군대를 거느린 어떤 왕에게 복종을 요구했다. 사신들이 항복할 것을 권하는 메시지를 전달했을 때 작은 나라의 왕은 병사들 중 한 명을 불러 스스로 목숨을 끊으라고 명령했다. 그 병사는 즉시 그 명령에 순종했다. 두 번째 병사도 불려왔다. 그 병사도 역시 즉각 순종했다. 세 번째 병사가 불려왔는데 그 병사도 역시 죽기까지 순종했다.

그런 다음 이 왕은 사신들에게 이렇게 말했다.

"너희 왕에게 돌아가서 나에게는 이처럼 용맹한 병사가 3천이나 있다고 전하여라. 그리고 오히려 너희 왕이 나에게 와서 무릎 꿇고 항복하라고 전하여라."

이 왕은 자신의 명령을 받았을 때 아낌없이 목숨을 버릴 수 있는 병사들의 순종을 의지했다.

하나님이 우리에게 원하시는 것도 바로 이와 같은 형태의 충성스러운 순종이다. 그리스도께서 보여주신 것도 바로 이와 같은 순종이다. 그리스도께서 가르쳐주시는 것도 바로 이와 같은 순종이다. 우리도 역시 이와 다름없는 순종을 배우기 위해 노력해야 한다. 그리스도인의 삶을 시작하는 순간부터 이와 같은 순종이 우리의 목표가 되어야 한다. 그리스도를 "주님"이라고 부르면서도 그분이 말씀하시는 대로 행하지 않는 치명적인 실수를 저지르지 않도록 주의해야 한다.

어느 정도로든 지금까지 불순종의 죄를 깨달은 사람들은 하나님의 말씀으로부터 공부한 내용에 세심히 귀를 기울여야 한다. 하나님은 그와 같은 죄악을 피할 길을 보여주시며 그리스도께서 허락하실 수 있는 생명에 접근할 수 있는 법을 알려주신다. 곧 완전한 순종의 삶으로 들어가는 길을 말씀해주신다. 그렇다면 우리가 완전한 순종의 삶으로 들어가기 위해서는 어떻게 해야 하는가?

|

죄의 고백과 정화를 통해서

죄의 고백과 정화(淨化)가 첫 번째 단계가 되어야 한다는 점을 알기란 그리 어렵지 않다. 하나님의 백성이 보여주는 불순종을 가장 많이 지적한 선지자인 예레미야가 기록한 성경에서 하나님은 이렇게 말씀하셨다. "배역한 이스라엘아 돌아오라. 나의 노한 얼굴을 너희에게로 향하지 아니하리라. 나는 긍휼이 있는 자라. 노를 한없이 품지 아니하느니라. 여호와의 말씀이니라. 너는 오직 네 죄를 자복하라. 이는 네 하나님 여호와를 배반하고 네 길로 달려 이방인들에게로 나아가 모든 푸른 나무 아래로 가서 내 목소리를 듣지 아니하였음이라. 여호와의 말씀이니라. 여호와의 말씀이니라. 배역한 자식들아 돌아오라. 나는 너희 남편임이라. 내가 너희를 성읍에서 하나와 족속 중에서 둘을 택하여 너희를 시온으로 데려오겠고"(렘 3:12-14).

우리는 회심의 과정에서 아무런 죄의 고백도 없이 용서받을 수는 없다. 회심 이후에도 새롭고 더 깊은 죄의 자각과 고백이 없다면 죄와 불순종이라는 압도적인 힘으로부터 구원받을 수 없다. 우리는 불순종에 대한 생각을 애매모호하거나 두루뭉술하게 가져서는 안 된다. 우리는 구체적으로 죄를 거론하면서 자신의 죄를 고백해야 한다. 그런 다음에는 이 죄들을 깨끗이 단념하고 그리스도의 손에 완전히 놓아 드려야 한다. 예수 그리스도를 통해서만 모든 죄악이 깨끗하게 정화될 수 있다. 우리는 오직 그럴 때에만 비로소 참된 순종의 길에 들어설 수 있다.

우리는 그리스도의 가르침이라는 빛에 비추어 우리의 삶을 조명해야 한다. 그리스도께서는 율법을 허물기 위해서가 아니라 율법의 완성을 보증하기 위해 이 땅에 찾아오셨다. "내가 율법이나 선지자를 폐하러 온 줄로 생각하지 말라. 폐하러 온 것이 아니요 완전하게 하려 함이라"(마 5:17). 그러면서 젊은 관원에게 이렇게 말씀하셨다. "네가 (이미 충분히) 계명을 아나니"(막 10:19).

율법이 우리의 첫 번째 시험이 되어야 한다. 가령 거짓말 같은 어떤 한 가지 구체적인 죄를 한 번 생각해보자. 한 번은 내가 어떤 젊은 여성이 건네준 쪽지를 받은 적이 있었는데, 거기에서 이 여성은 주님께 완전히 순종하고 싶다는 말과 함께 내적으로 자신이 나에게 내뱉었던 거짓말을 고백하라는 가책을 느낀다고 말했다. 그것이 그다지 중요한 문제는 아니었지만 이런 고백이 자신의 죄책감을 떨쳐내도록 도와준다고 생각했다는 측면에서 그 여성이 옳았다.

엄격한 진실성의 시험을 이겨내지 못할 것들이 보통 사회에서는 도처에 가득 널려 있다. 우리가 모든 계명에 순종하기 위해서는 굉장한 주의를 기울여야 한다. 심지어 탐심을 금지하는 마지막 계명에 이르기까지 말이다. 그리스도인들은 너무나 자주 불순종하려는 마음을 이겨내지 못한 나머지 자기 소유가 아닌 것을 탐내면서 갖고 싶어 한다. 이 모든 것을 완전히 끝내야 한다. 우리는 그와 같은 죄를 고백해야 하며 하나님의 능력으로 영원히 물리쳐야 한다. 만약 우리가 완전한 순종의 삶으로 들어가겠다는 생각을 조금이라도 가지고 있다면 말이다.

이에 관하여 그리스도께서는 새로운 사랑의 법을 계시하셨다. 하늘에 계신 아버지처럼 자비를 베푸는 것, 하나님 아버지께서 용서를 베푸시는 것과 마찬가지로 용서하는 것, 원수를 사랑하는 것, 우리를 미워하는 사람에게 선행을 베푸는 것, 자기희생과 자선을 베푸는 삶을 살아가는 것 등 이런 것들이 바로 예수님이 가르치신 것들이다.

우리를 화나게 하거나 함부로 이용하려 할 때 쉽게 용서하지 못하는 우리의 영을 잘 관찰해보라. 사랑하지 않는 생각과 날카로우면서도 불친절한 말들, 자비를 보여주고 선을 베풀고 축복해주라는 부르심에 대한 무시, 그리고 정면으로 불순종하는 태도 따위를 유심히 관찰해보라. 우리는 그와 같은 불순종을 심각하게 느끼면서 애통하는 가운데 완전한 순종의 능력을 우리 것으로 만들기 위해 오른쪽 눈을 뽑아내야 한다. "만일 네 오른 눈이 너로 실족하게 하거든 빼어 내버리라. 네 백체 중 하나가 없어지고 온 몸이 지옥에 던져지지 않는 것이 유익하며"(마 5:29).

그리스도께서는 자기 부인에 관해 상당히 많이 말씀하셨다. 자아는 모든 사랑의 결핍과 온갖 불순종의 뿌리이다. 우리 주님은 각각의 제자를 부르시면서 자기를 부인하고, 자기 십자가를 지고, 모든 것을 버리고, 자기 생명까지도 내놓고, 자신을 겸손하게 낮추고, 모든 사람의 종이 되라고 말씀하셨다. 예수님은 자기 의지, 자기 고집, 자기 본위 따위에서처럼 바로 자아가 온갖 죄악의 근원이기 때문에 이 모든 것을 요청하신 것이다.

우리가 먹고 마시는 문제에서 지나치게 탐닉함으로써 육신에 굴복할 때, 우리가 자신의 교만을 부추기는 것을 추구하거나 받아들이거나 즐거워함으로써 자아를 만족시킬 때, 자기 의지가 함부로 날뛰도록 가만히 내버려두면서 그 소욕을 만족시키려고 준비할 때 우리는 예수님의 명령에 불순종하는 죄를 짓게 된다. 이것은 점차적으로 영혼을 어둡게 만들어 예수님의 빛과 평안을 완전히 즐기는 것을 불가능하게 한다.

또한 그리스도께서는 하나님 아버지께 온 마음을 다하는 사랑을 요청하셨다. 그리스도 자신도 하나님께 나아와 하나님을 따르는 모든 사람에게 동일하게 희생을 요청하셨다. 모든 것을 희생하겠다고 구체적으로 목표를 정하지 않은 그리스도인, 하루하루 살아가기 위해 은혜를 구하기로 결단하지 않은 그리스도인은 불순종의 죄를 짓는 것이다. 그 사람의 신앙적인 행보 가운데 상당히 많은 부분이 유익하고 진지해보일 수는 있지만 그 사람은 예수님의 뜻을 행하고 있으며, 예수님의 계명을 지키고 있다는 사실을 스스로 깨닫는 것이 거의 불가능하다. 만약 그 사람이 온 마음을 다해 순복하지 않는다면 말이다.

그와 같은 부르심을 듣고 다시금 새롭게 참된 순종의 삶을 시작하려고 할 때 그렇게 하기를 원하면서 조용히 새로운 출발에 나서려고 시도하는 그리스도인이 많이 있다. 그 사람들은 더 많은 기도와 성경 공부를 통해 자연스럽게 순종의 삶으로 자라가게 될 것이며 순종이 점진적으로 찾아올 것이라고 생각한다. 그러나 그 사람들은 엄청난 실수를 저지르고 있다. 하나님이 예레미야서에서 사용하고 계신 말씀은 그 사람들의 실수가 무엇인지를 정확히 가르쳐준다. "배역한 이스라엘아 돌아오라. …여호와의 말씀이니라"(렘 3:12).

완전히 진심으로 전적인 순종을 서약하는 영혼은 빈약한 순종에서 좀 더 완전한 순종으로 자라갈 수 있을 것이다. 그러나 불순종에서 순종으로 점차적으로 자라가는 것은 있을 수 없는 일이다. 단지 불순종에서 완전히 돌아서는 것, 내쫓아버리는 것, 결단, 위기가 필요할 뿐이다. 그것은 오직 지금까지 잘못한 것들에 대한 아주 명확한 통찰과 더불어 부끄러움과 참회를 통해 깨끗이 죄를 고백함으로써 찾아온다.

오직 참회를 통해서만 그 영혼은 온갖 부정(不淨)으로부터 거룩하고 강력한 정화(淨化)를 추구하게 될 것이다. 회개는 양심을 준비시켜 새로운 마음을 선물로 받게 만든다. 하나님의 성령은 우리로 하여금 하나님의 율법 안에서 걸어가게 만들 것이다.

만약 당신이 전혀 다른 삶으로 인도받기를 소망한다면, 그리스도와 같은 순종을 보여주는 사람으로 변화되기를 원한다면 성령이 당신에게 온갖 불순종을 보여주어 죄를 자각하게 해달라고 간구함으로써 시작하라. 성령은 겸손히 죄를 고백하는 가운데 하나님이 제공하신 정화로 당신을 인도할 것이다. 거기에 도달하기까지 절대로 멈추지 마라.

|

순종을 가능하게 하는 믿음을 통해서

우리는 이 단계로 나아가기 위해 순종이 무엇인지를 명확하게 이해해야 한다. 먼저 이 목적을 달성하기 위해서는 의식적인 죄와 무의식적인 죄 사이의 차이점에 세심한 주의를 기울여야 한다. 순종은 오직 의식적인 죄만을 다룬다.

우리는 하나님이 자기 자녀들에게 허락하시는 새로운 마음이 죄성으로 가득한 육신 가운데 부어진다는 사실을 잘 알고 있다. 이와 같은 육신적인 죄성으로부터, 심지어 참된 순종 가운데 걸어가고 있는 사람에게서조차도 그 사람이 도무지 직접적으로 다스릴 수 없는 교만, 사랑하지 못하는 태도, 불결함과 관련된 사악한 생각이 문득문득 일어난다. 그것들은 본질적으로 죄악 된 본성 탓이지 죄를 저지른 사람 탓이 아니다. 그러므로 그것들은 어떤 사람이 쉽게 끊어버리고 내던져버릴 수 있는 불순종의 행위가 아니다. 왜냐하면 그 사람은 우리가 선택해야 하는 율법이나 하나님의 뜻과는 상반되는 행위를 의식적으로 저지를 가능성이 크기 때문이다.

그것들로부터 벗어나는 방법은 또 다른 데서 찾아온다. 그것은 언제나 순종함으로써 중생한 사람의 의지를 통해서가 아니라 그리스도의 보혈에 내재된 정화시키는 능력과 우리 안에 내주하시는 그리스도의 성령을 통해서만 가능하다. 죄악 된 본성이 불쑥불쑥 솟구칠 때 우리가 할 수 있는 전부는 그것을 미워하는 동시에 즉각적으로 우리를 정화시키고 계속 깨끗하게 지켜주시는 그리스도의 보혈을 신뢰하는 것뿐이다.

이처럼 구별된 삶에 주목하는 것은 굉장히 중요하다. 그것은 그리스도인으로 하여금 순종이 불가능하다고 생각하지 못하도록 지켜준다. 그것은 그리스도인을 격려하여 매우 효과적인 영역에서 자신의 순종을 추구하고 제공하도록 한다. 의지의 힘에 비례하여 성령의 능력은 얼마든지 신뢰할 수 있으며 의지의 영역을 훨씬 뛰어넘어 정화시키는 일을 충분히 가능하게 만든다.

이와 같은 어려움이 제거되었을 때 흔히 두 번째 어려움이 생겨나 우리로 하여금 순종이 가능한지 여부를 의심하게 만든다. 사람들은 순종을 절대 완전이라는 개념과 연결시킨다. 사람들은 성경의 모든 명령과 이러한 명령이 지극히 훌륭하게 지시하는 모든 은혜를 한곳에 모아서 생각한다. 그리고 절대적인 완전 가운데서 온갖 은혜를 보여주는 사람을 순종하는 사람이라고 생각한다.

그런데 이것은 하늘에 계신 하나님 아버지께서 요구하시는 것과 얼마나 다른가! 하나님 아버지는 그분의 자녀들이 보여주는 각자 다른 능력과 성취를 참작하신다. 하나님은 단지 날마다, 매시간 한 번에 하나씩 순종을 요구하실 뿐이다. 그분은 실제로 온갖 알려진 명령을 온 마음을 다해 실행하는 일에 우리가 얼마나 자기 자신을 내어드리는지 살펴보신다. 하나님은 우리가 정말로 그분의 뜻을 알고 싶어 하는지, 그리고 그분의 뜻을 완벽하게 행하기를 갈망하는지 알고 계신다.

그리고 자신의 자녀가 단순한 믿음과 사랑 가운데 이렇게 할 때 그 순종은 받으실 만하게 된다. 성령은 우리가 하나님을 만족스럽게 하고 있으며 "사랑하는 자들아 만일 우리 마음이 우리를 책망할 것이 없으면 하나님 앞에서 담대함을 얻고 무엇이든지 구하는 바를 그에게서 받나니 이는 우리가 그의 계명을 지키고 그 앞에서 기뻐하시는 것을 행함이라"(요일 3:21-22)는 달콤한 확신을 우리에게 심어주신다.

우리는 순종을 통해 이와 같은 정도의 은혜를 얼마든지 얻을 수 있다. 순종을 통해 은혜를 얻는 믿음을 소유하는 것은 그리스도인의 발걸음에서 반드시 필요한 부분이다. 만약 당신이 하나님의 말씀 가운데서 그와 같은 믿음의 기초를 요구한다면 당신은 하나님의 새로운 언약 가운데서 그것을 얼마든지 찾아낼 수 있을 것이다.

"그러나 그날 후에 내가 이스라엘 집과 맺을 언약은 이러하니 곧 내가 나의 법을 그들의 속에 두며 그들의 마음에 기록하여 나는 그들의 하나님이 되고 그들은 내 백성이 될 것이라. 내가 그들에게 복을 주기 위하여 그들을 떠나지 아니하리라 하는 영원한 언약을 그들에게 세우고 나를 경외함을 그들의 마음에 두어 나를 떠나지 않게 하고"(렘 31:33, 32:40).

옛 언약에서 드러난 가장 큰 문제는 그 언약이 순종을 요구하기는 했지만 순종할 만한 능력을 제공하지는 않았다는 점이다. 그러나 새 언약은 그런 능력을 제공한다. 새로운 마음은 사랑과 생명을 뜻한다. 새로운 마음에 새겨진 율법을 갖는다는 것은 그 마음이 새로워진 사람의 가장 깊숙한 곳에 자리 잡고 있는 생명을 손에 넣는다는 뜻이다. 새로운 마음은 하나님의 법을 기뻐한다. 새로운 마음은 기꺼이 하나님의 법에 순종할 뿐만 아니라 그럴 만한 능력도 있다.

당신은 경험을 통해 그것을 확인할 수 없다는 이유 때문에 이것을 의심할 수도 있을 것이다. 그건 전혀 놀라운 일이 아니다. 하나님의 약속은 믿음으로 다가가야 하는 일이다. 만약 당신이 그 약속을 믿지 않는다면 당신은 그 약속을 취하거나 활용할 수 없다. 다시 말해 당신이 그것을 믿지 않기 때문에 그것을 경험할 수 없는 것이다.

하나님의 법은 당신의 마음속에 기록되어 있다. 만약 당신이 이와 같은 사실을 확실하게 믿고 하나님의 법이 당신의 마음속 깊숙한 곳에 자리 잡고 있다는 사실을 고백한다면 당신은 그 마음을 성령의 빛과 열기를 향해 들어 올릴 수 있으며, 하나님의 명령에 순종할 수 있는 능력과 더불어 그와 같은 명령이라는 뜨거운 사랑을 간직하게 될 것이다. 우리의 순종을 확실히 보증하기 위해 새로운 언약, 은혜의 언약 안에서 이루어진 예비하심이 얼마나 명료하고, 얼마나 확실하고, 얼마나 모든 필요를 충족시킬 수 있단 말인가!

나폴레옹의 병사 가운데 한 사람의 충성심에 관해 들려주는 이야기가 있다. 의사가 심장 부분에 박힌 총알을 뽑아내기 위해 애쓰고 있었는데, 바로 이때 그 병사가 이렇게 소리쳤다. "더 깊이 절단해 보세요! 그러면 거기에서 새겨놓은 나폴레옹이라는 글씨를 찾으실 수 있을 거예요."

그리스도인이여, 하나님의 법이 당신의 마음속 깊숙한 곳에 살아 있다는 사실을 믿기 바란다. 다윗의 말과 예수 그리스도의 말씀을 믿음 가운데 고백하기 바란다. "나의 하나님이여 내가 주의 뜻 행하기를 즐기오니 주의 법이 나의 심중에 있나이다"(시 40:8). 이 시편 말씀을 믿는 믿음은 당신에게 순종이 가능하도록 확신을 불어넣을 것이다. 그와 같은 믿음은 참된 순종의 삶으로 나아갈 수 있도록 당신을 도와줄 것이다.

그리스도께 순복함으로써

"여호와의 말씀이니라. 배역한 자식들아 돌아오라. 나는 너희 남편임이라. 내가 너희를 성읍에서 하나와 족속 중에서 둘을 택하여 너희를 시온으로 데려오겠고 내가 또 내 마음에 합한 목자들을 너희에게 주리니 그들이 지식과 명철로 너희를 양육하리라"(렘 3:14-15). 하나님께서 이스라엘에게 하신 말씀이다.

이스라엘은 하나님의 백성이었지만 하나님으로부터 돌아섰었다. 그러나 이스라엘이 다시 돌아오기 위해서는 즉각적이고 완전해야 했다. 불순종으로 얼룩진 삶에서 돌아서서 하나님의 은혜를 믿는 믿음으로 나아가기 위해서는 "보소서. 우리가 주께 왔사오니 주는 우리 하나님 여호와이심이니이다"(렘 3:22)라고 말하는 것, 곧 "내가 즉시 순종하겠나이다"라고 말하는 것만이 단지 그 순간에 필요한 일이다.

순종을 서약하고 그 서약을 지키기 위한 능력은 사랑이 넘치는 살아계신 예수 그리스도로부터 비롯된다. 나는 이전부터 순종의 능력이 예수 그리스도의 살아계신, 인격적인 임재의 전능하신 영향력 안에 있다고 말해왔다. 우리가 하나님의 뜻에 관한 지식을 어떤 책이나 사람들로부터 취하는 한 우리는 단지 실패할 수밖에 없을 것이다. 만약 예수님을 우리 주님과 능력으로 생각한다면 우리는 얼마든지 예수님께 순종할 수 있다.

우리에게 명령하시는 음성은 우리에게 영감을 불어넣으시는 음성이다. 우리를 인도하시는 눈은 우리를 격려하시는 눈이다. 그리스도께서는 우리에게 모든 것이 되신다. 곧 명령을 내리시는 주군, 가르치시는 본보기, 힘을 불어넣으시는 조력자이시다. 그렇기에 우리는 불순종의 삶으로부터 돌아서서 그리스도께로 곧장 나아가야 한다. 믿음 가운데 그분께 자기 자신을 온전히 내어드려야 한다.

그리고 순복을 통해 그리스도께서 모든 것을 소유할 수 있게 해야 한다. 그리스도께서 그렇게 하기를 원하신다는 사실을 알아감에 따라 우리의 삶이 그리스도 자신, 그리스도의 임재, 그리스도의 뜻, 그리스도의 섬김으로 충만해지도록 그분께 온전히 내어드려야 한다. 우리 자신을 그분께 내어드려서 그리스도께서 그분의 복된 섬김을 통해 그분으로, 그분의 생명으로, 사람들을 향한 사랑으로 우리를 가득 채울 수 있도록, 그분이 그분 자신을 위해 우리를 온전히 소유할 수 있도록 해야 한다.

믿음을 통해 그리스도께서 모든 것을 소유할 수 있게 하라. 한 영혼이 그리스도 안에서 이와 같은 새로운 것과 지속적인 순종을 위한 능력을 바라볼 때 그리스도의 위대한 구속이라는 특별한 축복을 취하기 위해서는 새로운 믿음이 필요하다. 이전의 믿음은 죽기까지 자신을 내어드린 그리스도의 순종으로 속죄를 이해했다.

그러나 새로운 믿음은 성경을 있는 그대로 받아들이면서 어떻게 그리스도의 순종이 우리의 것이 되는지를 주목한다. "너희 안에 이 마음을 품으라. 곧 그리스도 예수의 마음이니 그는 근본 하나님의 본체시나 하나님과 동등됨을 취할 것으로 여기지 아니하시고 오히려 자기를 비워 종의 형체를 가지사 사람들과 같이 되셨고 사람의 모양으로 나타나사 자기를 낮추시고 죽기까지 복종하셨으니 곧 십자가에 죽으심이라"(빌 2:5-8).

새로운 믿음은 그리스도께서 우리 안에 그분 자신과 성령을 믿는 믿음을 부어주시고, 성령이 우리를 준비시켜 순종 안에 살아가며 행하도록 하신다고 믿게 한다. 하나님은 그리스도를 세상으로 보내셔서 우리의 마음과 삶 속에서 원래의 자리로 순종을 회복시키도록 하셨다. 하나님의 목적은 그분께 순종하도록 인간을 원래의 자리로 회복시키도록 하는 것이다. 그리하여 그리스도께서 이 땅에 오셨으며, 죽기까지 하나님께 순종하셨으며, 무엇이 유일한 참된 순종인지를 증명해 보이셨다. 그리스도께서는 십자가에 죽으심을 통해 죽음의 권세를 이기신 삶으로써 순종을 가능하게 하셨으며, 자기 자신 안에서 그와 같은 순종을 온전하게 하셨다.

이제 그리스도께서는 우리에게 이와 같은 순종을 가르쳐주신다. 우리를 사랑하시고, 우리 안에 살아계시며, 우리를 인도하고 가르치시며, 우리에게 힘을 불어넣으시는 바로 그 그리스도께서는 죽기까지 순종하셨던 바로 그 예수 그리스도이시다. '죽기까지 순종하신 것'은 그분이 우리에게 나누어주시는 생명의 본질이다. 우리는 그 순종을 받아들일 뿐만 아니라 우리 안에서 그와 같은 순종을 온전하게 만드시는 그리스도를 신뢰해야 한다.

당신은 순종의 복된 삶으로 들어가고 싶지 않은가? 여기에 새롭게 활짝 열린 문이 있다는 사실에 주목하라. 그리스도께서는 이렇게 말씀하신다. "나는 양의 문이라"(요 10:7). 또한 "내가 곧 길이요 진리요 생명이니"(요 14:6). 그리고 "그 길은 우리를 위하여 휘장 가운데로 열어 놓으신 새로운 살 길이요 휘장은 곧 그의 육체니라"(히 10:20)고 말이다.

우리는 자신의 모든 불순종이 그리스도를 제대로 알지 못했기 때문이라는 사실을 깨닫기 시작한다. 또한 우리는 순종이란 단지 그리스도와 끊임없이 교제를 나누는 삶을 통해서만 가능하다는 사실에 주목하기 시작한다. 그분의 음성에 따른 영감, 그분의 눈길을 통한 조명, 그분의 손길에 대한 이해가 그 모든 것을 가능하게 만들고 확실하게 만든다.

자, 이리로 와서 바로 그 그리스도께 무릎 꿇고 엎드려 우리 자신을 내어드리자. 그리스도께서 그분 자신과 더불어 자신의 존재에 관한 모든 것과 모든 소유를 함께 나누어주신다는 사실을 믿는 믿음으로 죽기까지 그분께 순종하자.

완전한 순종은
---------------- 완전한 믿음에서 비롯된다

믿음으로 아브라함은 부르심을 받았을 때에 순종하여 장래의
유업으로 받을 땅에 나아갈새 갈 바를 알지 못하고 나아갔으
며. 히브리서 11:8.

아브라함은 하나님이 말씀하신 가나안 땅이 있다는 사실을 믿
었다. 아브라함은 그곳이 자신에게 기업으로 보장된 "약속의
땅"(히 11:9)이라고 믿었다. 아브라함은 하나님이 자신을 그리
로 데려가 그 땅을 보여주시고 그 땅을 허락해주실 것이라고 확
신했다. 그와 같은 믿음으로 아브라함은 갈 바를 알지 못하고
서도 담대하게 길을 떠났다. 믿음의 축복에 관해서는 아무런

지식도 없었지만 아브라함은 하나님을 신뢰하였으며, 하나님께 순종하였으며, 결국에는 기업을 물려받았다.

우리 앞에 놓인 약속의 땅은 축복된 순종의 삶이다. 우리는 자신에게 익숙한 곳을 떠나 순종의 삶을 살아가는 땅에 머물라는 하나님의 부르심을 들어왔다. 거기에는 아무런 실수가 있을 수 없다. 우리는 자신을 거기로 데려가 그 땅의 소유물을 나누어주시겠다고 하시는 그리스도의 약속을 들어왔다. 이와 같은 부르심도 역시 명확하고 확실하다.

우리는 자기 자신을 우리 주님께 순복하도록 하였으며, 이 모든 것이 우리 안에서 참되도록 해달라고 하늘에 계신 하나님 아버지께 간구하였다. 그런데 우리는 진정으로 자신의 모든 삶을 거룩하고 즐거운 순종의 차원까지 끌어올리고 싶어 하는가? 만약 그렇다면 우리의 목표가 높은 것이다. 그 목표는 성령의 능력을 흘려보냄으로써 도달할 수 있다. 믿음으로 말미암아 그 목표는 새로운 비전을 품게 되고 예수 그리스도를 통해 우리에게 보장된 천상의 능력을 붙잡을 수 있게 된다. 우리가 순종하여 그 약속을 붙잡을 수 있을 때 말이다.

지금까지 우리가 헤아려본 주제들을 다시 한 번 살펴보자.

새벽기도 시간, 또는 개인적이고 은밀한 경건의 시간이 있다.

우리는 이 시간을 성실하게 지키겠다는 소원을 품어야 하며, 영적인 삶에서 자라가기 위한 도구가 되도록 하겠다는 소원을 품어야 한다. 우리는 날마다 하나님과 친밀한 교제의 시간을 갖기 위해 그분을 바라보아야 한다. 거기에는 모든 일에서 하나님의 뜻에 완전히 순복하겠다는 자세가 포함될 수 있으며, 그와 같은 자세는 온종일 그분의 임재와 섬김 가운데 우리를 높여줄 것이다. 성경공부 시간이 있다. 우리는 하나님의 뜻을 행하는 것이야말로 하나님의 진리에 대한 완전한 지식에 도달하는 유일한 지름길임을 지금까지 살펴보았다. 우리는 지금까지 그 명령에 순종하려는 의도로 성경을 읽으라는 도전을 받아왔다.

우리 주변 사람들에게 베풀어야 하는 영적인 도움이 있다. 상냥함, 겸손, 사랑 가운데 서로를 돌아보면서 우리 자신만큼이나 다른 많은 사람들에게 덕을 세우도록 노력하면서 말이다. 특별한 경우뿐만 아니라 언제나 잃어버린 사람들을 위해 수고를 아끼지 않으면서, 끈기와 인내심을 가지고 기도와 사랑을 베푸는 가운데 보여주는 적극적인 섬김이 있다. 이것은 간단한 일이 아니다. 그것은 하나님을 위한 사역에 동반되는 그분의 임재라는 즐거움으로 우리의 의무감에 영감을 불어넣을 때라야 비로소 가능하다. 그런 다음에라야 훨씬 더 폭넓은 사역, 그러니까 복음 전도와 해외 선교사역에까지 매진할 수 있게 된다.

이 모든 것, 곧 우리 자신과 다른 사람들에게 우리가 오직 하나님을 기쁘시게 하기 위해 살아가야 한다는 확신을 불어넣는 것에 대해 생각할 때 어떤 사람들은 이렇게 투덜댈 것이다. "이것은 우리가 들어가도록 부르심을 받은 약속의 땅이라기보다는 오히려 온갖 짐, 고난과 실패가 분명한 삶에 지나지 않아요."

사랑하는 벗들이여, 그 사람들의 말에 동의하지 않기 바란다. 하나님은 우리를 약속의 땅으로 부르고 계신다. 이리로 와서 그리스도처럼 죽기까지 순종한 삶의 영광과 고상함을 경험해보라. 이리로 와서 하나님의 거룩하고 온전하신 뜻에 완전히 자기 자신을 내어주는 사람들에게 하나님이 어떤 축복을 베푸실 것인지 한 번 지켜보라. 온 마음을 다하는 순종이라는 이처럼 멋진 땅에서 맛보는 영광을 신뢰하면서 그곳으로 당신을 부르시는 하나님을 믿어라. 그곳으로 당신을 데려가시는 그리스도를 믿어라. 당신 안에 내주하시면서 당신이 그곳으로 걸어갈 수 있도록 인도하시는 성령을 믿어라. 진실로 믿는 사람은 그 약속의 땅으로 들어가게 된다.

나는 우리의 성별에 관해 언급하면서 순종이 믿음으로 말미암아 생겨나며, 그 믿음은 우리로 하여금 하나님께 순종할 수 있도록 한다고 주장할 것이다. 다음과 같은 다섯 가지 선포는 믿음을 간직한 마음, 그처럼 멋진 땅에서 살아가는 삶으로 들어가는 마음의 상태를 아주 잘 표현해준다. 곧 나는 그 땅을 바라보고, 소망하고, 기대하고, 받아들이고, 그 땅에 들어가기 위해 그리스도를 신뢰할 것이다.

믿음은 그 땅을 바라본다

앞의 여러 장에서 나는 하나님이 우리를 만나고 축복해주시는 가장 중요한 지점들을 가리키기 위해 '그 땅의 지도'를 당신에게 보여주려고 노력했다. 그리고 지금 우리에게 가장 필요한 것은 믿음 가운데 조용하고 명확하게 다음과 같은 질문을 던지는 것이다. "지속적인 순종이 절대적으로 가능한 그와 같은 약속의 땅이 정말로 존재하는가?"

이 점에 관해 아무런 의문을 품지 않는 한 그 약속의 땅으로 올라가 그 땅을 소유하는 것은 거의 불가능할 것이다. 아브라함의 믿음을 한 번 생각해보라. 아브라함은 하나님을 믿었으며, 하나님의 전능하심과 신실하심을 의지했다. 나는 당신 앞에 여러 가지 하나님의 약속들을 제시했다. 여기에 또 다른 하나님의 언약이 있다.

"새 영을 너희 속에 두고 새 마음을 너희에게 주되 너희 육신에서 굳은 마음을 제거하고 부드러운 마음을 줄 것이며 또 내 영을 너희 속에 두어 너희로 내 율례를 행하게 하리니 너희가 내 규례를 지켜 행할지라"(겔 36:26-27).

"너희 사방에 남은 이방 사람이 나 여호와가 무너진 곳을 건축하며 황폐한 자리에 심은 줄을 알리라. 나 여호와가 말하였으니 이루리라"(겔 36:36).

"내가 또 내 영을 너희 속에 두어 너희가 살아나게 하고 내가 또 너희를 너희 고국 땅에 두리니 나 여호와가 이 일을 말하고 이룬 줄을 너희가 알리라"(겔 37:14).

하나님은 당신이 순종할 수 있도록 책임을 떠맡으신다. 하나님은 그리스도와 성령을 통해 우리 안에서 그분의 약속들, 곧 그분의 계획과 목적을 성취하기 위해 가장 멋지게 예비하신다.

만약 아브라함이 행했던 대로 하기를 원한다면 당신은 자기 마음을 하나님께 고정시켜야 한다. "믿음이 없어 하나님의 약속을 의심하지 않고 믿음으로 견고하여져서 하나님께 영광을 돌리며 약속하신 그것을 또한 능히 이루실 줄을 확신하였으니"

(롬 4:20-21). 하나님의 전능하심은 아브라함의 기둥이었다. 그것이 당신의 것이 되어야 한다.

하나님은 성경을 통해 많은 약속을 우리에게 주셨으며 그 약속들이 이루어지기 위해서는 하나님의 권능이 필요하다. 하나님은 우리에게 그분의 계명을 지키는 흠 없이 깨끗한 마음과 삶을 허락하겠다고 약속하셨다. 우리 안에서 하나님의 일하심과 더불어 하나님이 우리 안에서 일하고 계신다고 신뢰하는 마음은 이와 같은 전적인 순종을 가능하게 만든다.

전적인 순종의 삶이 가능하다는 확신이 당신의 생각 속에 가득 차도록 하라. 믿음은 아무리 보이지 않는 것과 불가능한 것이라도 충분히 가능한 것으로 바라볼 수 있다. 당신의 마음이 이렇게 말할 때까지 그와 같은 비전을 바라보라. "그것은 틀림없이 실현될 수 있어! 그것은 이미 현실이야! 지금까지 나에게 전혀 알려지지 않은 것을 약속하는 삶은 분명히 있어!"

|

믿음은 그 땅을 소망한다

나는 복음서를 읽으면서 아픈 사람들, 눈 먼 사람들, 필요에 처한 사람들이 그리스도의 말씀을 믿는 것에 얼마나 많이 준비되어 있는지를 깨달을 때마다 우리보다 그 사람들이 훨씬 더 준비될 수 있었던 요인이 무엇이었는지 스스로에게 자주 물어본다. 내가 성경 말씀 속에서 찾아낸 해답은 이것이다. 곧 가장 커다란 차이점 가운데 하나는 그 소망의 정직성과 강도에 있었다. 그 사람들은 온 마음을 다해 구원을 소망했다. 예수님은 그 사람들이 기꺼이 그분의 축복을 취하도록 만들기 위해 애원할 필요가 없었다.

그런데 그것이 우리에게도 전혀 다르지 않아야 한다. 모든 사람은 어떤 방식으로든 지금보다 더 나아지기를 바란다. 그러나 진정으로 "의에 주리고 목마른"(마 5:6) 사람들은 얼마나 적은가! 친밀한 순종의 삶과 계속해서 의식적으로 하나님을 기쁘게 하는 삶을 살아가겠다고 열렬히 갈망하는 동시에 이를 위해 몸부림치는 사람들이 얼마나 적은가!

강력한 소망 없이는 강력한 믿음도 있을 수 없다. 소망은 이 우주에서 가장 크게 동기를 부여하는 요소이다. 하나님의 아들을 보내시도록 하나님을 움직이신 것은 우리를 구원하시겠다는 하나님의 열망이시다. 기꺼이 연구하고 일하고 고통당하도록 사람들을 움직이는 것도 역시 소망이다. 죄인을 그리스도께로 나아오게 만드는 것은 오직 소망뿐이다. 그와 같은 약속의 땅이 우리에게 매력적으로 다가오게 만드는 것도 역시 하나님을 향한 열망과 더불어 하나님과 나눌 수 있는 가장 친밀한 교제를 향한 열망, 곧 정확히 하나님이 우리에게 원하시는 모습으로 살아가면서 가능한 한 많이 하나님의 뜻을 이루겠다는 열망이다. 그리스도께만 전적으로 순종하기 위해 모든 것을 포기하도록 우리에게 영감을 불어넣는 것도 역시 이와 같은 열망이다.

그렇다면 도대체 어떻게 그와 같은 소망을 일깨울 수 있단 말인가? 우리가 그러한 질문을 던지면서 모든 일 가운데 가장 바람직한 일, 곧 하나님의 뜻과 연합하는 가운데 하나님을 닮아가는 일이 우리에게 그다지도 매력적이지 않다는 사실은 그 얼마나 창피하고 불행한 경우란 말인가! 그것을 우리의 무지나 무분별로 받아들여 성령을 통해 훤히 밝은 마음의 눈을 달라고 간청해보라.

그런 다음에는 우리가 참된 순종의 삶을 기대하면서 "그의 부르심의 소망이 무엇이며 성도 안에서 그 기업의 영광의 풍성함이 무엇"(엡 1:18)인지 알 수 있게 될 것이다. 하나님의 성령이 비추시는 조명 아래서 가능하고 확실하며, 하나님이 보증하고 축복하시는 일로서 순종하는 삶으로 돌아가 계속해서 그와 같은 삶을 바라보자. 우리의 믿음이 열망으로 불타오르기 시작할 때까지 바라보자. 그러면 우리가 "나는 순종하는 삶을 살기를 열망합니다! 온 마음을 다해 그와 같은 삶을 추구할 거예요!"라고 분명히 말할 수 있게 될 것이다.

믿음은 그 땅을 기대한다

소망과 기대 사이에는 커다란 차이점이 있다. 소망이 기대감으로 자라날 때에는 커다란 진보의 발걸음을 뗀 것이다. 그래서 그 영혼은 이렇게 말한다. "나는 나를 위한 영적인 축복이 있을 것이라고 확신합니다. 그리고 그것이 어떤 모습으로 펼쳐질지는 정확히 알 수 없지만 나는 확실히 그와 같은 축복을 마음껏 받을 것으로 기대하고 있습니다!"

순종의 삶이란 이제 더는 오직 하나님만이 제공할 수 있어서 우리가 도저히 도달할 수 없는 이상이 아니다. 그래서 우리는 조금씩 노력하여 최소한 거기에 좀 더 가까이 다가갈 수 있으며, 이제 그것은 이 세상을 살아가는 육적인 존재인 우리에게 나름대로 의미를 던져주는 실재이다. 그와 같은 순종의 삶을 기대하라. 그것은 당신에게도 의미가 있다. 그것을 현실로 바꾸시는 하나님을 기대하라.

물론 이와 같은 기대감을 가로막는 수많은 장애물이 존재한다. 곧 과거의 실패, 마음에 안 드는 분위기, 호의적이지 않은 상황, 연약한 믿음, 죽기까지 순종하는 그와 같은 헌신에 대한 당신의 고난이 요구될 수도 있다. 그런데 그에 관한 의식적인 능력의 부족으로 당신은 이렇게 말할 수도 있다. "그건 아마 다른 사람들을 위한 삶일 거야. 순종하는 삶이 나를 위한 것일 리가 없어!"

그러나 절대로 이런 식으로 말하지 마라. 당신은 이와 같은 이성적인 추론을 통해 하나님을 떠나고 있는 것이다. 오히려 당신의 축복을 기대하라! 하나님의 능력과 사랑을 바라보면서 이렇게 말하라! "그와 같은 삶은 바로 내 것이야!"

당신보다 앞서 간 성인들의 삶을 통해 용기를 얻기 바란다. 스페인의 카르멜수도회 소속 개혁가인 성녀 테레사는 회심 이후에 "하나님과 자신의 죄악 된 삶을 화해시키기 위해 보잘것없는 시도에 매달리느라 18년 이상을 낭비하였다"고 말하였다. 그러나 마침내 테레사는 이렇게 말할 수 있었다.

"나는 아주 사소한 문제에서도 절대로 하나님을 기분 나쁘게 만들지 않기로 서약하였다. 그런 짓을 저지르고 있다는 사실을 뻔히 알고 있으면서도 그런 종류의 일을 저지르기보다는 오히려 수천 번도 더 죽음을 택하겠다고 서약하였다. 이것이 바로 죽기까지 순종하는 것이다. 내 생각에 아직도 더 완전해질 수 있으며 하나님의 영광을 위해 더 많은 일을 할 수 있는데, 무엇이든 제대로 해내지 않은 일을 이제는 더 이상 절대로 남기지 않겠다고 결단하였다."

그리고 테레사는 이렇게 기도했다.

"우리는 당신에게 우리의 마음을 내어드리는 데 너무나 오랜 시간이 걸리고 더딥니다. 그러면 당신은 너무나 소중한 소유물에 대한 값을 충분히 지불하지 않고서는 당신에 대한 우리의 소유를 허락하지 않으실 것입니다. 우리의 마음에 당신의 사랑이 마음껏 부어지도록 하기 위해 값을 지불하고 살 수 있는 것은 이 세상에 아무것도 없습니다. 다만 우리 마음의 사랑을 당신께 올려드릴 뿐입니다. 당신은 이 값을 충분히 지불하면서 끈기 있게 당신을 찾는 사람들에게 결코 자기 자신을 주저하지 않으십니다. 당신은 조금씩, 시시때때로, 마침내 승리를 얻을 때까지 그 영혼을 강하게 만들고 회복시켜주실 것입니다."

독일의 찬송가 작곡자인 게르하르트 테르슈테겐은 어린 시절부터 주님을 열심히 추구하면서 섬겼다. 그러나 어느 시기가 지난 이후에 게르하르트는 하나님의 은혜에 대한 감각을 잃어버렸다. 장장 5년 동안이나 영적인 고독이라는 거대한 바다 위를 둥둥 떠다녔으며, 거기에는 강렬한 태양이나 희미한 별빛도 전혀 나타나지 않았다. 그때 게르하르트는 이렇게 고백했다. "그럼에도 내 소망은 끝까지 그리스도께 있었다."

그러던 어느 날 갑자기 결코 떠나가지 않을 한 줄기 빛이 게르하르트에게 비추었다. 그래서 게르하르트는 자신의 혈관에서 흘러내리는 피로 주 예수 그리스도께 다음과 같은 내용의 편지를 썼다.

"오늘 저녁부터 영원에 이르기까지 내 뜻이 아니라 당신의 뜻이 이루어지게 하소서. 내 안에 찾아오셔서 명하고 다스리고 통치하소서. 아무런 조건이나 거리낌 없이 나 자신을 내어드립니다. 당신께 고의로 또는 자발적으로 충실하지 않거나 불순종하기보다는 당신의 도움과 능력으로 마지막 한 방울까지 내 피를 내어드리겠다고 약속합니다."

이것이 바로 게르하르트가 보여준 죽기까지 순종하는 모습이었다. 그와 같은 순종의 삶에 당신의 마음을 고정시키고 그것을 기대하라. 동일한 하나님은 여전히 살아계신다. 당신의 소망을 그분께 두라. 그러면 하나님이 그렇게 하실 것이다.

믿음은 그 땅을 받아들인다

받아들이는 것은 단순히 기대하는 것보다 한 차원 더 나아가는 것이다. 많은 사람들이 기다리고 소망하면서도 여러 가지 하나님의 선물을 순순히 받아들이지 않기 때문에 결코 소유하지 못한다.

지금까지 하나님의 선물을 전혀 받지 못했으며 아직도 받을 준비가 되어 있지 않은 것처럼 느끼는 모든 사람에게 단순히 기대하는 것으로 시작하라고 말하고 싶다. 만약 그 기대감이 마음속 깊은 곳으로부터 나온 것이며, 진정으로 하나님 자신에게 고정되어 있는 것이라면 그것은 당신의 영혼을 인도하여 받아들이게 할 것이다. 기대하고 있다고 말하는 사람들에 대해서는 이제 다음 단계로 나아가 기꺼이 받아들일 차례이다. 믿음에는 "받아들여서, 취하여, 간직하고 있다"고 말할 수 있는, 하나님이 허락하시는 놀라운 능력이 포함되어 있다.

우리가 바라는 영적인 축복을 달라고 요청하면서 붙잡을 수 있는 것은 믿음인 반면 너무나 많은 기도가 열매를 맺지 못하는 것처럼 보이는 이유는 명확한 믿음의 부족 때문이다. 모든 성도가 그와 같은 믿음의 행위에 준비되어 있는 것은 아니다. 성도들의 기도가 열매를 맺지 못하는 또 다른 이유는 단순히 어떤 축복을 받아들일 만한 역량을 가지고 있지 못하기 때문이다. 흔히 불순종의 죄에 대한 참된 자각이 없거나 죄의 자각이 부족하다는 사실에 대해 아무런 애통하는 마음이 없을 수도 있다. 더욱이 모든 일에서 하나님께 순종하겠다는 강한 열망이나 확고한 결단이 부족할 수도 있다.

많은 사람들은 심지어 어떻게 하나님이 우리를 온전하게 하기 원하시는지를 보여주는 성경 말씀에 대해 꼭 필요한 깊은 관심을 나타내지 않는다. 다시 말해 이 그리스도인들은 영적인 아기 상태에 머물러 있는 데 만족한다. 그 사람들은 단지 위로의 우유만을 마시고 싶어 할 뿐이다. 그 사람들은 예수님이 드시는 질긴 고기를 먹을 수 없다. 이를테면 하나님 아버지의 뜻을 행하는 일에는 전혀 무관심하다.

우리 인간의 연약함에도 불구하고 하나님은 이처럼 놀랍고도 새로운 순종의 삶에 관한 은혜를 받아들이도록 우리에게 요청하신다. 지금 그것을 받아들여라. 이것 없이는 당신의 성별

행위가 전혀 무가치해 질 것이다. 이것 없이는 순종하는 삶을 살기 위해 더욱 노력하겠다는 당신의 목표는 결국 실패하고 말 것이다.

당신이 단순하고 어린아이 같은 순종의 자리를 취할 수 있도록 도와주는, 전혀 새로운 자리가 있다는 사실을 하나님이 보여주시지 않았던가! 하나님의 은혜는 당신이 날마다 성령을 통해 하나님이 내리시는 모든 명령에 순종할 수 있도록 하신다. 우리는 순종을 위해 하나님의 은혜에 단순하고 어린아이처럼 의지하면서 살아갈 수 있다.

심지어 지금도 나는 당신에게 그와 같은 자리를 취하도록, 그와 같은 순복이 가능하도록, 그와 같은 은혜를 받아들이도록 간청하는 바이다. 참된 믿음의 삶과 중단 없는 믿음의 순종을 받아들이고 그곳으로 들어가라. 당신의 믿음이 하나님의 약속과 능력처럼 아무런 제한 없이 언제나 견고하기를 기도한다. 당신의 단순하고 어린아이 같은 순종은 당신의 믿음만큼이나 아무런 제한이 없어질 것이다. 하나님께 도움을 달라고 간구하라. 그리고 하나님이 당신에게 제공하시는 모든 것을 기꺼이 받아들여라.

믿음은 모든 일에서 그리스도를 신뢰한다

"하나님의 약속은 얼마든지 그리스도 안에서 예가 되니 그런즉 그로 말미암아 우리가 아멘 하여 하나님께 영광을 돌리게 되느니라"(고후 1:20). 내가 순종의 삶에 관해 이야기할 때 당신이 쉽게 해답을 찾을 수 없는 여러 가지 질문과 어려움들이 당신에게 생겨났을 가능성도 얼마든지 있다.

당신은 완전히 짓눌린 듯한 감정을 느끼는가? 당신은 자신의 생각, 언행, 행동 등에 관한 이전의 모든 습관과 화해할 수 있는가? 당신은 온갖 하나님의 뜻에 관한, 이처럼 지고한 모든 것을 다스리는 순종의 원리에 즉각적으로 순복할 수 없다고 두려워하고 있지 않은가? 모든 것을 하나님의 뜻에 따라 행하라. 하나님에 대한 순종으로써 모든 일을 행하라. 이와 같은 모든 두려움으로부터 벗어나는 한 가지 해답, 한 가지 탈출구가 있다. 그것은 바로 예수 그리스도이시다. 그분은 모든 것을 알고 계신 살아 있는 구세주시다. 그분은 항상 믿음의 순종 가운데 걸어가기 위한 지혜와 능력을 얻도록 그분을 신뢰하라고 당신에게 요청하신다.

우리는 그분이 가능하게 하실 때마다 어떻게 그분의 총체적인 구속 행위가 단지 순종에 지나지 않는지를 여러 차례 살펴보았다. 예수 그리스도께서 구속에 관한 말씀을 전하실 때 그 메시지는 여전히 동일하다. 그분은 생명의 영으로서 우리에게 순종의 영을 허락하신다. 이 영은 그분을 통해 매 순간 우리에게 찾아오신다.

예수님 자신이 우리의 순종에 대해 계속해서 책임지신다. 그분은 우리에게 그와 같은 순종을 지속하도록 보장하기 위해 우리에게 자기 자신을 내어주시며, 그것을 위해 그분을 신뢰하라고 우리에게 요청하신다. 우리의 온갖 두려움이 제거되는 것, 우리의 온갖 필요가 공급되는 것, 우리의 온갖 소원이 성취되는 것은 바로 예수님 자신 안에서다. 그 의로우신 분이 당신의 의가 되는 것과 마찬가지로 바로 그 순종하시는 분이 우리의 순종이 되신다. 이를 위해 그분을 신뢰하지 않겠는가? 믿음이 바라보고, 소망하고, 기대하고, 받아들이는 것, 분명히 그것은 우리에게 은혜를 베푸시고 우리를 위해 일하시는 그리스도를 신뢰할 수 있게 만든다.

오늘 당신은 약속의 땅으로 인도하시는 예수님을 신뢰함으로써 하나님과 그분의 아들에게 영광을 돌릴 수 있는 기회를 취하지 않겠는가? 하늘에 계신 당신의 영광스러운 주님을 바라보라. 그분의 능력 안에서 충성의 서약을 새롭게 하며, 그분의 마음을 상하게 하는 일은 무엇이든지 절대로 자발적으로 저지르지 않겠다는 당신의 서약을 새롭게 하라. 서약을 하기 위한 믿음, 그 서약을 지키기 위한 마음, 그 서약을 실행하기 위한 능력을 얻기 위해 하나님을 신뢰하라. 과감하게 교제의 행위에 동참하기 위해 하나님을 신뢰하라. 그러면 하나님도 당신의 행위를 영화롭게 하실 것이다.

그리스도의 순종학교에서
원리를 배워라

지극히 작은 것에 충성된 자는 큰 것에도 충성되고 지극히 작은 것에 불의한 자는 큰 것에도 불의하니라. 너희가 만일 불의한 재물에도 충성하지 아니하면 누가 참된 것으로 너희에게 맡기겠느냐. 너희가 만일 남의 것에 충성하지 아니하면 누가 너희의 것을 너희에게 주겠느냐. 누가복음 16:10-12.

이번 장에서는 아직까지 제대로 다루지 못했거나 충분히 명료하게 표현하지 못한 몇 가지 요점들을 언급하고자 한다. 그리하여 예수 그리스도의 순종학교에서 배우려는 사람들에게 도움을 주고, 그 요점들이 순종의 삶에서 자라가기를 진정으로 소망하는 사람들에게 커다란 신앙의 바탕이 되기를 소망한다.

순종을 배워라

순종을 배우라는 표현에 대해 오해하지 않기를 바란다. 우리는 절대적인 순종, 곧 죽기까지 순종하는 것이 그리스도의 순종학교에서 단순히 점차적으로 배울 수 있는 어떤 것이라고 생각하기가 아주 쉽다. 이것은 굉장히 해로운 잠재력을 지닌 커다란 실수이다. 우리가 배워야 하는 것과 점차적으로 배우는 것은 새롭고 훨씬 더 어려운 명령에 대해 순종을 연습하는 것이다. 그러나 예수님은 순종의 원리에 관해 말씀하시면서 그리스도인으로 발걸음을 시작하는 바로 그 순간부터 완전한 순종을 서약하라고 우리에게 경고하신다.

다섯 살 난 어린아이도 열여덟 살짜리 청년만큼이나 절대적인 순종을 보여줄 수 있다. 이 둘 사이의 차이는 요구되는 일의 원리가 아니라 본질에 있다. 비록 죽기까지 순종한 그리스도의 삶은 문자 그대로 그분의 목숨이 끊어질 때까지도 계속되었지만 그분의 순종에 담긴 정신은 처음 순간부터 항상 동일하셨다. 온 마음을 다하는 순종은 그리스도의 순종학교에서 배우는 삶의 최종적인 목표가 아니라 출발점이다. 그 목표는 순종을 통해 하나님의 처분에 따라 우리가 어느 위치에 놓이게 되든지 하나님을 섬기기 위한 자격 조건이다. 무조건적인 순종으로 하나님께 자기 자신을 내어드리는 마음은 하나님의 뜻에 대한 영적인 지식에서 자라가기 위한 유일한 전제조건이다.

어린 그리스도인들이여, 즉시 단번에 이 문제를 해결하라. 그리고 하나님의 원리를 기억하라. 곧 하나님은 전부를 원하신다. 하나님께 전부를 드리면 하나님도 당신에게 전부를 주신다. 오직 하나님의 뜻을 행하기 위해 산제사로 당신 자신을 드리는 것을 전제하지 않는다면 성별은 아무런 소용도 없게 된다. 완전한 순종의 서약은 순종 가운데 자라가면서 그리스도께 더욱 가까워지기를 원하는 사람이라면 누구든지 뿌려야 할 씨앗이다.

하나님의 뜻을 깨닫는 법을 배워라

이처럼 순종하기 위해 무조건적으로 순복하는 것은 그리스도의 순종학교에 들어가기 위한 첫 번째 조건이다. 그것은 우리를 향한 하나님의 뜻에 관해 가르침을 받기 위한 유일한 마음 자세이다. 하나님께는 그분의 모든 자녀를 위한 일반적인 뜻이 있다. 우리는 성경을 통해 어느 정도 그것을 배울 수 있다. 그러나 이러한 명령들에 대한 특별하고도 개인적인 적용도 있을 수 있다. 오직 성령만이 가르쳐주실 수 있는 우리에 관한 개인적인 하나님의 뜻 말이다. 성령은 오직 순종을 서약한 사람들에게만 하나님의 뜻을 가르쳐주신다. 이것이 바로 하나님의 뜻을 알려달라고 하나님께 간구한 너무나 많은 기도가 응답받지 못하는 이유이다.

예수님은 이렇게 말씀하셨다. "사람이 하나님의 뜻을 행하려 하면 이 교훈이 하나님께로부터 왔는지 내가 스스로 말함인지 알리라"(요 7:17). 만약 어떤 사람의 의지가 하나님의 뜻을 행하기로 결단한다면, 그리고 그 사람이 하나님의 뜻을 알 수 있을 정도까지 그 뜻을 행한다면 그 사람은 하나님이 틀림없이 자신에게 가르쳐주시는 것들에 대해 더 많이 알게 될 것이다. 그것은 어떤 학문을 공부하려는 모든 학생에게, 어떤 직업과 관련하여 모든 초보자에게, 비즈니스에 종사하는 모든 사람에게 있어서 곧 직접 체험하는 것이야말로 정말 제대로 알 수 있게 만드는 한 가지 조건이라는 사실을 말이다.

그와 마찬가지로 우리를 향한 하나님의 뜻에 관해 참된 지식을 받아들일 수 있는 우리의 역량은 그 뜻을 행하겠다는 우리의 서약에 달려 있다. 하나님의 뜻에 대한 우리의 순종에 달려 있는 것이다. 우리가 그 뜻을 알고 있는 한, 그리고 하나님이 우리에게 그 뜻을 계시하시는 한에서는 말이다. 이와 관련하여 세 가지 본질적인 것을 주목해보자.

먼저, 하나님의 뜻에 대한 당신의 무지를 비롯하여 자기 자신의 노력을 통해서는 그 뜻을 정확히 알 수 없다는 당신의 무능력에 관해 깊이 자각해야 한다. 자신의 무지를 자각하는 것은 당신으로 하여금 무엇이든 배울 수 있게 한다. "주님은 선하시고 올바르셔서 죄인들이 돌이키고 걸어가야 할 올바른 길을 가르쳐주신다. 겸손한 사람을 공의로 인도하시며 겸비한 사람에게는 당신의 뜻을 가르쳐주신다"(시 25:8-9, 새번역). 스스로 가르침을 받아야 할 필요성이 있다고 겸허하게 고백하는 사람들은 온유하고 겸손하다. 머리에만 들어 있는 지식은 단지 능력 없는 인간적인 지식을 제공할 뿐이다. 하나님은 성령을 통해 사랑하는 마음으로 들어가 효과적으로 일할 수 있게 하는 살아 있는 지식을 제공하신다.

둘째, 하나님 아버지께서 당신의 마음속 깊숙이 은밀한 장소

에다 지혜를 알려주실 수 있을 만큼 강력한 믿음을 키워나가라. "주께서는 중심이 진실함을 원하시오니 내게 지혜를 은밀히 가르치시리이다"(시 51:6). 이와 같은 생각은 다소 이상해보일 수도 있다. 하나님이 일하시는 곳, 하나님이 그분의 생명과 빛을 허락하시는 곳은 바로 마음이라는 사실을 깨닫기 바란다. 하나님은 온갖 우리의 생각보다 훨씬 더 깊은 차원에서 일하신다. 하나님의 뜻에 대한 어떤 불확실함은 즐거운 순종을 불확실하게 한다. 하나님 아버지께서는 당신이 행하기를 원하시는 것을 기꺼이 알려주신다는 사실을 확신 가운데 믿기 바란다. 이에 대해 하나님을 의지하라. 확실하게 그것을 기대하라.

셋째, 육신과 육신적인 마음을 어둡고 속이게 하는 본성 때문에 당신은 성령의 빛을 찾아 확신하게 해달라고 간절히 기도해야 한다. 이제는 하나님 아버지께서 변화시키기를 원하시는 것이 당연하다고 생각하는 편이 그냥 익숙해져버린 많은 것이 있을 수 있다. 당신과 다른 사람들이 그렇게 생각하기 때문에 이러한 것들이 하나님의 뜻이라고 추정하는 것은 다른 것들에 관한 하나님의 뜻을 알지 못하도록 당신을 가로막을 수 있다. 성령을 통해 설명되고 적용된 성경 말씀의 판단 아래로 아무런 조건 없이 모든 것을 가져오라. 당신의 모든 존재와 행위가 하나님의 눈에 기쁨을 선사하고 있다는 사실을 알 수 있도록 당신을 인도하기까지 하나님을 섬기면서 그분을 기다려라.

죽기까지 순종하는 삶을 배워라

심지어 죽기까지 자신을 내어드리는 완전한 순종에는 더 깊고도 영적인 양상이 자리 잡고 있는데, 흔히 그것은 그리스도인의 삶 가운데 초기 단계에서는 쉽게 드러나지 않는다. 그러나 모든 성도는 자신을 기다리고 있는 특권을 자각해야 한다. 온 마음을 다하는 순종은 그 성도로 하여금 하나님의 뜻에 대한 순종을 통해 죽음에 이를지도 모르는 체험으로 인도할 수 있다.

이것이 무슨 의미인지 한 번 살펴보자. 우리 주님이 이 땅에서 살아가시는 동안 죄와 세상에 대한 그분의 저항은 완전하고 철저하셨다. 그러나 각종 유혹에서 최종적으로 벗어나 그 권세에서 승리할 수 있었던 것은 그분의 순종을 통해서였으며, 그리스도께서 이 세상의 삶과 죄에 대해 죽을 때까지 완성되지 못했다.

그렇게 죽어가는 과정에서 그리스도께서는 완전히 무기력한 가운데 하나님의 손에 자신의 생명을 내어드렸으며, 하나님이 자신을 다시 살리기를 기다리고 계셨다. 이처럼 그리스도께서 자신의 새로운 생명과 영광을 충만히 받은 것은 죽음을 통해서였다. 오직 죽음을 통해서만, 그분의 생명을 내어드리는 것을 통해서만 순종이 그분을 하나님의 영광으로 인도할 수 있었다.

그리스도인은 죄에 대한 이와 같은 죽음을 그리스도와 함께 공유해야 한다. 우리는 중생을 통해 성령으로부터 순종의 세례를 받는다. 성령은 우리가 그리스도 안에서 소유할 것을 계시하시고 우리가 믿음으로 그것을 붙잡을 수 있도록 도와주신다. 그리고 그리스도께서 십자가에서 돌아가시는 과정에 함께하셨던 것과 같은 열정으로 우리 안에서 일하신다. 그러나 우리는 무지와 불신앙 때문에 그리스도처럼 죄에 대해 완전히 죽는 것을 경험하지 못할 수도 있다.

그리스도께서는 자신의 생명을 주관하는 권세를 하나님께 완전히 내어드렸다. 그리스도께서는 성령의 무기력한 위탁을 통해 하나님 아버지의 손에 자신을 완전히 내어드렸다. 이것은 하나님 아버지의 명령을 완전히 성취하는 것이었다. 무덤 속으로 들어가기까지 완전한 자기 망각을 통해 그리스도께서는 하나님 아버지의 영광에 들어가셨다.

한 성도가 이와 같은 교제 가운데로 인도를 받는다. 하지만 그 성도는 성령이 예비해두신 조건 없는 순종에서조차도 여전히 자아와 자기 의지라는 은밀한 요소를 버리지 못하고 있다. 그 성도는 그 사실을 깨닫고 거기에서 벗어나기를 갈망한다. 그 성도는 하나님의 말씀 속에서 오직 이것은 죽음을 통해서만 가능하다는 사실을 배우게 된다. 이때 성령은 그 성도를 도우셔서 실제로 그 성도가 죄에 대해 죽을 수 있도록 더 많은 것을 요구하신다.

또한 성령은 이와 같은 죽음의 권세가 자신 안에서 강력하게 영향력을 발휘할 수 있다는 사실을 그 성도에게 보여주신다. 결국 이러한 훈련을 통해 그 성도는 기꺼이 죽기까지 순종하도록 영적으로 성장한다. 이처럼 자아에 대한 완전한 죽음은 그 사람을 사실상 아무것도 아닌 존재로 만든다. 이 과정에서 그 성도는 그리스도와 같은 삶으로 완전히 들어가게 된다.

이처럼 자아에 대해 완전히 죽을 필요성을 올바로 바라보는 것, 기꺼이 그렇게 하도록 만들어지는 것, 예수 그리스도처럼 완전히 자기를 비우고 겸손해지는 상태로 인도되는 것, 이것은 우리가 순종을 통해 배워야 할 최고의 교훈이다. 적절한 때가 이르면 하나님은 전적으로 신실한 사람들에게 이와 같은 특별한 주제에 대해 더 많은 것을 가르쳐주실 것이다.

양심의 소리를 듣는 법을 배워라

하나님의 뜻에 관한 지식과 관련해서 우리는 그 위치를 분명히 자각하여 그 권위에 순복해야 한다. 자연의 법칙이나 교육이 우리에게 옳고 그름에 관해 가르쳐주는 수만 가지 사소한 것들이 있다. 그러나 아무리 정직한 그리스도인이라도 이러한 것들에 일일이 순종하기 위해 자기 자신을 시시콜콜 붙들어 매지는 않는다.

예수님은 이렇게 말씀하셨다는 사실을 기억하기 바란다. "지극히 작은 것에 충성된 자는 큰 것에도 충성되고 지극히 작은 것에 불의한 자는 큰 것에도 불의하니라. 너희가 만일 불의한 재물에도 충성하지 아니하면 누가 참된 것으로 너희에게 맡기겠느냐. 너희가 만일 남의 것에 충성하지 아니하면 누가 너희의 것을 너희에게 주겠느냐"(눅 16:10-12). 하나님은 그런 사람에게는 아무것도 맡기지 않으실 것이다.

만약 양심의 소리가 당신에게 어떤 행동이 더 고상하거나 더

낮다고 말한다면, 그래서 당신이 자신에게 더 쉽거나 자신을 더욱 기쁘게 하는 것을 선택한다면 당신은 본질적으로 하나님의 음성에 불순종하는 것이다. 그래서 더 나은 성령의 가르침으로 나아가지 못하도록 자신을 가로막는 죄를 짓는 것이다. 항상 옳은 일을 행하겠다는 강한 소망은 하나님의 뜻대로 따르겠다는 소망이다.

이와 관련해서 사도 바울은 이렇게 말했다. "내가 그리스도 안에서 참말을 하고 거짓말을 아니하노라. 나에게 큰 근심이 있는 것과 마음에 그치지 않는 고통이 있는 것을 내 양심이 성령 안에서 나와 더불어 증언하노니"(롬 9:1). 성령은 양심을 통해 말씀하신다. 만약 당신이 자기 양심에 순종하지 않고 그 양심을 아프게 한다면 당신은 하나님이 자신에게 말씀하시지 못하도록 하는 것이다.

하나님의 뜻에 순종하는 사람은 또한 자기 양심의 소리를 존중한다. 이것은 먹고 마시는 문제, 잠자고 휴식하는 문제, 돈을 사용하고 쾌락을 추구하는 문제에서도 역시 마찬가지다. 우리는 모든 것을 하나님의 뜻에 순복하도록 내어드려야 한다.

만약 당신이 참된 순종의 삶을 살고 싶어 한다면 당신은 하나님 앞에서 선한 양심을 유지하며 하나님의 마음에 반하는 어떤 것도 결코 의도적으로 탐닉하지 말아야 한다. 조지 뮬러는 칠십 평생을 살면서 온갖 행복을 누릴 수 있었던 이유를 하나님의 말씀에 대한 순종과 사랑 탓으로 돌렸다. 조지 뮬러는 모든 일에 선한 양심을 지켰으며, 자기가 생각하기에 하나님의 뜻에 반하는 어떤 행위도 하지 않았다. 이처럼 우리가 잘못을 저지를 때 양심은 하나님이 우리에게 보내주시는 경고이자 감시자이다.

당신에게 비취는 여러 가지 빛의 제한을 따라서 양심의 소리에 귀를 기울여라. 하나님의 뜻에 관한 가르침을 통해 자신의 양심에 더 많은 빛을 비춰달라고 하나님께 간구하라. 그리고 그 빛을 따라서 순종하고 있는지를 양심의 증거로 찾아보아라. 당신의 양심이 그 자체로 격려와 조력자가 될 것이다. 그 양심은 당신의 순종이 받아들여졌으며, 하나님의 뜻에 대한 지식이 점점 더 늘어나게 해달라는 당신의 기도를 듣고 계신다는 확신을 당신에게 허락할 것이다.

|

복음적인 순종을 배워라

심지어 어떤 그리스도인이 무조건적인 순종을 서약했을지라도 여전히 두 가지 종류의 순종이 있을 수 있다. 하나는 율법에 대한 순종이고, 다른 하나는 복음에 대한 순종이다. 두 가지 언약(신약과 구약)이 있는 것과 마찬가지로 두 가지 형태의 종교가 있으며, 두 가지 방법으로 하나님을 섬길 수 있다.

이것이 바로 사도 바울이 로마서에서 다음과 같이 선포한 이유였다. "죄가 너희를 주장하지 못하리니 이는 너희가 법 아래에 있지 아니하고 은혜 아래에 있음이라"(롬 6:14). 또한 "그 법에서 자유롭게 되나니"(롬 7:3) "이제는 우리가 얽매였던 것에 대하여 죽었으므로 율법에서 벗어났으니 이러므로 우리가 영의 새로운 것으로 섬길 것이요 율법 조문의 묵은 것으로 아니할지니라"(롬 7:6)고 담대히 외친 이유였다.

다시 한 번 바울은 이것을 우리에게 상기시켜주었다. "너희가 육신대로 살면 반드시 죽을 것이로되 영으로써 몸의 행실을 죽이면 살리니 무릇 하나님의 영으로 인도함을 받는 사람은 곧 하나님의 아들이라. 너희는 다시 무서워하는 종의 영을 받지 아니하고 양자의 영을 받았으므로 우리가 아빠 아버지라고 부르짖느니라. 성령이 친히 우리의 영과 더불어 우리가 하나님의 자녀인 것을 증언하시나니"(롬 8:13-16).

이와 같은 3중적인 대조는 여전히 율법 아래 있는 것처럼 행동하는 그리스도인의 위험성을 지적하고 있다. 그 사람은 문자에 얽매인 낡은 정신으로 두려움에 빠뜨리는 종의 영을 받아서 하나님을 섬길 것이기 때문이다. 너무나 많은 그리스도인들이 삶에서 연약함을 보이는 가장 커다란 이유 가운데 하나는 바로 그 사람들이 은혜 아래 있기보다는 여전히 율법 아래 있기 때문이다. 그 차이점은 무엇인가? 다음에서 주의 깊게 살펴보자.

율법이 우리에게 요구하는 것은 무엇이며, 은혜가 우리에게 약속하고 실행하는 것은 무엇인가? 율법은 마땅히 우리가 해야 하는 것, 우리가 그것을 할 수 있는지 아닌지의 여부를 다룬다. 두려움에서 벗어나 사랑하도록 우리에게 동기를 불어넣는 율법은 우리에게 최선을 다하도록 촉구한다. 그러나 율법은 아무런 실질적인 힘을 우리에게 불어넣지 못하기에 단지 실패와 정죄함으로 우리를 인도할 뿐이다. 그러나 은혜는 감히 우리가 할 수 없는 것을 가리키면서 우리를 위해, 그리고 우리 안에서 그것을 하라고 요청한다.

율법은 돌판이나 책에다 기록한 명령으로 우리에게 다가온다. 은혜는 그분의 임재와 능력을 허락하시는 살아계신 동시에 은혜로우신 인격체로 우리에게 다가온다. 율법은 다만 우리가 순종할 경우에만 생명을 허락한다. 은혜는 감히 우리가 순종할 수 있다는 확신과 더불어 생명, 심지어 성령을 허락한다.

인간 본성은 언제나 은혜로부터 율법으로 다시 미끄러져 내려가기 쉬우며, 단지 자기 자신의 힘으로 최선을 다하기 위해 은밀하게 자기 능력을 신뢰하기 쉽다. 은혜의 약속들은 너무나 신성하며, 우리 안에서 모든 것을 성취하기 위한 성령의 선물은 너무나 놀라워서 단순히 은혜를 믿는 사람이 거의 없을 정도이다. 이것이 바로 사람들이 결코 과감하게 순종을 서약하지 못하는 이유이며, 은혜의 약속을 취한 이후에도 다시금 돌아서는 이유이다.

나는 당신에게 복음적인 순종이 무엇인지를 열심히 연구해 보라고 부탁하고 싶다. 복음은 좋은 소식이다. 복음에 대한 순종은 좋은 소식의 일부이다. 그렇기에 성령을 통해 은혜는 당신 안에서 모든 것을 할 것이다. 그리고 하나님께 순종하는 모든 시도가 그리스도의 풍성한 은혜를 믿는 믿음, 성령의 강력한 내주하심을 믿는 믿음, 예수님의 축복된 사랑을 믿는 믿음에서 비롯되는 즐거운 소망이 되게 할 것이다. 예수님의 내주하시는 임재는 순종이 가능하고도 확실하게 할 것이다.

사랑의 순종을 배워라

사랑으로부터 생겨나는 순종은 복음적인 순종의 가장 특별하고도 아름다운 양상들 가운데 하나이다. 성령을 통해 모든 것을 성취하겠다고 약속하시는 은혜는 영원한 사랑의 선물이다. 우리의 순종에 대한 책임을 지시고, 그 순종을 가르치시고, 그분의 임재를 통해 우리에게 그 순종을 보장하시는 예수 그리스도께서는 죽기까지 우리를 사랑하셨던 분이며, 우리의 이해를 훨씬 넘어서는 사랑으로 우리를 사랑하시는 분이다.

사랑하는 마음 이외의 다른 어떤 것도 사랑을 받거나 알 수 없게 만든다. 우리로 하여금 순종할 수 있게 만드는 것도 바로 이 사랑하는 마음이다. 순종은 우리에게 의존하는 하나님의 사랑에 대한 사랑의 반응이다. 순종은 그와 같은 사랑을 더욱 충분히 기뻐할 수 있도록 돕는 유일한 방법이다.

우리 주님이 자신의 고별 강론에서 어떻게 이와 같은 사실을 주장하셨는지 주목해보라. 예수님은 요한복음 14장에서 3번씩이나 그것을 되풀이하여 강조하였다. "너희가 나를 사랑하면 나의 계명을 지키리라. …나의 계명을 지키는 자라야 나를 사랑하는 자니 나를 사랑하는 자는 내 아버지께 사랑을 받을 것이요 나도 그를 사랑하여 그에게 나를 나타내리라. …사람이 나를 사랑하면 내 말을 지키리니 내 아버지께서 그를 사랑하실 것이요 우리가 그에게 가서 거처를 그와 함께하리라"(요 14:15, 21, 23).

오직 사랑만이 예수님이 요구하시는 순종을 허락할 수 있으며, 오직 사랑만이 예수님이 순종에 대해 허락하시는 축복을 받을 수 있게 한다! 사랑의 순종은 성도들에게 축복의 순환 고리를 제공한다. 예수님께 순종하고 예수님을 받아들이려는 소망은 우리 안에 살아계시는 성령, 하나님 아버지의 사랑에 접근할 수 있는 권리, 그리스도 자신의 사랑 같은 하나님의 선물을 가져오게 만든다. 이 세 가지는 차례로 순종적인 삶의 성공을 보장한다.

또한 요한은 요한복음 14장 바로 다음 장에서 순종의 또 다른 측면에 주목하면서 어떻게 순종이 하나님의 사랑에 대한 즐거운 경험으로 인도하는지를 보여주었다. 예수님은 하나님 아버지의 계명을 지키셨으며, 이제 하나님 아버지의 사랑 안에서 살아가신다. 만약 우리가 하나님의 계명을 지킨다면 우리도 역시 하나님의 사랑 안에서 살아가게 될 것이다. 예수님은 우리를 위해 자기 생명을 내줌으로써 그분의 사랑을 증명해 보이셨다. 만약 우리가 예수님이 우리에게 명령하신 것을 행한다면 우리는 그분의 사랑을 누리게 될 것이다.

순종은 먼저 우리를 향한 예수님의 사랑과 그에 대한 반응으로 우리의 사랑 사이뿐만 아니라 우리의 사랑과 그에 대한 반응으로 예수님의 충만한 사랑 사이에 없어서는 안 되는 반드시 필요한 연결 고리 가운데 하나이다. 진실로 우리가 살아가면서 사랑하지 않는다면 완전한 순종은 거의 불가능하다. "하나님을 사랑하는 것은 이것이니 우리가 그의 계명들을 지키는 것이라. 그의 계명들은 무거운 것이 아니로다"(요일 5:3). 이것이 바로 우리로 하여금 그분의 계명을 지키게 하는 하나님의 사랑이다.

그러므로 우리는 율법적인 순종의 덫에 빠지지 않도록 주의해야 한다. 그것은 단지 의무감에서 참된 순종의 삶을 살려고 몸부림치는 것이다. 우리는 활력 넘치는 순종의 삶, 축복으로 가득한 삶으로 인도하는 "새 생명 가운데서 행하"(롬 6:4)는 것이 무엇인지 보여달라고 하나님께 간구해야 한다. 다음과 같은 약속의 말씀을 의지해서 간절히 간구해야 한다. "네 하나님 여호와께서 네 마음과 네 자손의 마음에 할례를 베푸사 너로 마음을 다하며 뜻을 다하여 네 하나님 여호와를 사랑하게 하사 너로 생명을 얻게 하실 것이며 …너는 돌아와 다시 여호와의 말씀을 청종하고 내가 오늘 네게 명령하는 그 모든 명령을 행할 것이라"(신 30:6,8).

하나님의 사랑과 예수 그리스도의 은혜를 믿어라. 예수님이 당신에게 허락하시는 성령이 당신으로 하여금 하나님의 법을 사랑하고 그 안에서 동행할 수 있도록 하신다는 사실을 믿어라. 이와 같은 믿음의 힘과 충분한 은혜를 확신하는 가운데 연약한 중에 온전함을 이루는 은혜를 통해 그로 말미암아 가능해지는 하나님의 사랑과 살아 있는 순종의 삶으로 들어가라. 하나님의 사랑 안에 머무는 예수님의 지속적인 임재 이외에는 다른 어떤 것도 당신을 지속적인 순종으로 나아갈 수 있도록 인도하지 못할 것이다.

|
정말 완전한 순종은 가능한가?

순종의 가능성에 대한 이와 같은 질문은 우리 생명의 뿌리에 해당하는 것이다. 항상 하나님을 기쁘게 하는 삶을 살아가는 것은 우리의 능력을 벗어나는 일이다. 생각은 우리 능력의 뿌리를 좀먹는다. 나는 당신이 이와 같은 질문에 명확하게 대답하도록 강력히 촉구하는 바이다.

순종에 대한 하나님의 예비하심이라는 조명 아래서도, 당신 안에서 온갖 유익한 즐거움을 선사하기 위해 일하시겠다는 하나님의 약속 아래서도, 당신에게 새로운 마음을 허락하시는 하나님의 자비하심 아래서도, 하나님의 아들과 성령의 내주하심 아래서도 당신이 여전히 순종은 불가능하다고 믿는다면 하나님의 뜻을 제대로 알 수 있도록 당신의 눈을 활짝 열어달라고 하나님께 간구하라. 만약 당신이 이론적으로 이 진리에 동의하면서도 여전히 이와 같은 삶에 자기 자신을 내어드리기를 두려워한다면 당신의 눈을 활짝 열어달라고 간청하라. 당신을 위한 하나님의 뜻을 알려달라고 그분께 간구하라.

너무 많은 것을 포기해야 될지도 모른다는, 하나님께 전적으로 헌신하려면 지나치게 배타적이 되어야 할지도 모른다는 은근한 두려움이 다시 제자리로 당신을 돌아가게 만들지 않도록 주의하라. 단지 당신의 양심을 편하게 하기에 충분할 정도의 순종만을 추구하면서 하나님께 합당한 모든 것을 그분께 내어드리고 행하고 변화되기를 소망하지 않는 자가 되지 않도록 주의하라.

다른 무엇보다 하나님을 제한하면서 하나님이 당신을 위해

할 수 있으며 하겠다고 말씀하신 것들을 믿지 않으려고 몸부림침으로써 하나님을 거짓말쟁이로 만들지 않도록 주의하라. 만약 당신이 순종을 배움으로써 당신에게 무슨 축복이라도 찾아오게 된다면 당신은 다음과 같은 말을 자신 있게 써 붙일 수 있을 때까지 멈추지 말아야 한다. "하나님이 원하시는 대로 모든 것을 행함으로써 날마다 순종하는 것은 나에게 얼마든지 가능한 일이다. 하나님의 능력으로 나는 하나님께 나 자신을 온전히 맡길 수 있다!"

그러나 이 한 가지 조건을 기억하기 바란다. 당신에게 순종의 축복을 가져다주는 것은 당신 자신의 결단이나 노력에 따른 능력이 아니라 그리스도의 끊임없는 임재와 성령의 지속적인 가르침, 성령의 은혜와 능력 때문이라는 사실 말이다. 순종하신 분으로 우리 안에 살아계신 그리스도께서 당신의 순종을 충분히 보장하실 것이다. 순종은 그리스도와 교제하는 가운데 당신에게 사랑과 즐거운 삶을 제공할 것이다.

사는 동안 예수님의
------------------- 마지막 명령에 순종하라

그러므로 너희는 가서 모든 민족을 제자로 삼아 아버지와 아들
과 성령의 이름으로 세례를 베풀고 내가 너희에게 분부한 모든
것을 가르쳐 지키게 하라. 볼지어다. 내가 세상 끝날까지 너희
와 항상 함께 있으리라 하시니라. 마태복음 28:19-20. 너희는
온 천하에 다니며 만민에게 복음을 전파하라. 믿고 세례를 받
는 사람은 구원을 얻을 것이요 믿지 않는 사람은 정죄를 받으리
라. 마가복음 16:15-16. 아버지께서 나를 세상에 보내신 것같
이 나도 그들을 세상에 보내었고 또 그들을 위하여 내가 나를
거룩하게 하오니 이는 그들도 진리로 거룩함을 얻게 하려 함이

니이다. 요한복음 17:18-19. 오직 성령이 너희에게 임하시면 너희가 권능을 받고 예루살렘과 온 유대와 사마리아와 땅끝까지 이르러 내 증인이 되리라. 사도행전 1:8.

이 모든 말씀은 우주적인 회심의 정신이나 다름없는 것을 언급하고 있다. "모든 민족" "온 세상" "천하 만민" "땅끝"과 같은 표현은 각각 예수님의 마음이 그분 자신이 구속하셨고 승리를 거두셨던 세상에 대한 의로운 통치를 요청하는 데 고정되어 있었다는 사실을 가르쳐준다. 그리고 예수님은 이와 같은 사명을 감당하기 위해 제자들을 의지하셨다. 예수님이 보좌 아래서 승천하신 다음 온 세상을 통치하려고 준비하실 때 주님은 제자들에게 이렇게 말씀하셨다. "하늘과 땅의 모든 권세를 내게 주셨으니"(마 28:18). 예수님은 즉각적으로 자신과 제자들의 소망과 노력의 대상으로써 "땅끝에까지 이르러 내 증인이 되라"고 말씀하셨다. 보좌에 앉으신 왕으로서 예수님은 제자들의 조력자가 되실 것이었다. "볼지어다. 내가 세상 끝날까지 너희와 항상 함께 있으리라"(마 28:20).

심지어 우리는 온 세상 구석구석에까지 이르러 주님의 통치를 가능하게 하는 군대의 전초부대가 되어야 한다. 예수님이 친히 전쟁을 수행하실 것이다. 예수님은 승리에 대한 확신을 자기 백성들에게 불어넣으려고 애쓰신다. 온 세상을 하나님께 다시 돌려드리는 것은 예수님이 감당하셔야 할 사명으로써 살아 있든지 죽든지 간에 유일하게 가치를 두신 일이다.

예수님은 가르치거나 논쟁하거나 요청하거나 간청하지 않으신다. 단지 명령하실 뿐이다. 예수님은 제자들에게 순종을 훈련시켰으며, 사랑 가운데 순종할 수 있도록 자기 자신에게 붙어 있으라고 명령하셨다. 예수님은 이미 제자들에게 자신의 부활의 영을 불어넣으셨다. 그래서 예수님은 제자들을 의지할 수 있으셨다. 예수님은 제자들에게 단호히 말씀하셨다. "너희는 온 세상으로 나가라."

이전에 예수님이 이 세상에 살아계시는 동안 제자들은 예수님의 명령을 성취하는 것에 관해 나름대로 의심을 품었었다. 그러나 아주 조용하고 단순하게 이러한 거룩한 말씀을 선포하셨을 때 제자들은 그 명령을 순순히 받아들였다. 예수님이 승천하시자마자 제자들은 지시받은 곳으로 나아가 하늘에 계신 주님으로부터 천국의 능력을 부여받기 위해 기다리고 있었다. 이와 같은 천국의 능력은 모든 민족을 그분의 제자로 삼는 천국 사역을 위해 제자들을 준비시킬 것이었다. 제자들은 명령을 받았으며 자신들을 통해 주님의 이름을 믿는 사람들에게 그 명령을 전했다.

겨우 한 세대가 다 지나가기도 전에 우리가 그 이름조차 알지 못하는 평범한 사람들이 안디옥, 로마, 그리고 그보다 더 멀리 떨어진 지역에 복음을 전파하였다. 모든 민족을 제자로 삼으라는 명령이 모든 시대와 모든 제자의 마음과 삶에 의미 있게 전달되고 흡수된 것이다.

그 명령은 우리 각자를 위한 것이기도 하다. 교회 안에는 아무런 특권 계급이나 노예 계급이 없다. 오직 전자에게만 유일하게 영광이 속해 있거나 오직 후자에게만 천하 만민에게 복음을 전하는 의무가 부여된 것도 아니다. 예수님이 나누어주시는 생명은 그분 자신의 생명이다. 예수님이 불어넣으시는 영은 바로 그분 자신의 영이시다. 예수님이 생각하시는 오직 한 가지 계획은 그분 자신의 자기희생적인 사랑이다. 예수님의 몸을 구성하는 모든 지체가 그분께 충분하고 건강하게 접근하는 가운데 지금까지 받은 것을 나누어주고 싶다는 충동을 느끼는 것은 바로 그분의 구원에 내포된 본성 때문이다.

그 명령은 외부에서 마음대로 바꿀 수 있는 법이 아니다. 우리는 예수님의 마지막 명령에 동의하고 순종함으로써 하나님 아버지를 영화롭게 하기 위해 살고 있다는 사실을 인정하게 된다. 그리스도의 교회라는 몸의 일부로서 우리는 이 세상에서 하나님을 대표하는 사람들이다. 우리는 하나님의 사랑과 뜻이 이제 그리스도께로 다시 잃어버린 영혼들을 돌려드리는 일을 통해 우리에게 전달된다고 확신한다.

얼마나 끔찍할 정도로 교회가 그 명령을 제대로 순종하지 못하고 있단 말인가! 그러한 명령이 있다는 사실조차도 전혀 모르는 그리스도인이 얼마나 많단 말인가! 수많은 교인들이 그 명령을 듣기는 하지만 그 명령을 순종하기를 간절히 바라지는 않는다. 수많은 성도들이 그 명령을 순종하려고 애쓰기는 하지만 자기에게 편리한 방식으로 그렇게 한다.

우리는 지금까지 순종이 무엇인지를 공부해왔다. 우리는 온 마음을 다하는 순종에 이르기까지 자기 자신을 내주어야 한다고 말해왔다. 확실히 우리는 천하 만민에게 복음을 전하라는 우리 주님의 마지막 지상명령을 이해하고 수행하도록 도와주는 어떤 것이든 이제는 기쁜 마음으로 경청할 준비가 되어 있다.

마지막으로 당신이 반드시 알아야 할 것을 세 가지 요점으로 제시하고자 한다. 그것은 곧 예수님의 명령을 받아들이고, 예수님의 마음대로 처분할 수 있도록 완전히 당신 자신을 맡기고, 즉각적으로 예수님의 왕국을 위해 살아가는 것이다.

예수님의 명령을 받아들여라

이 명령의 힘을 약화시키는 다양한 요소들이 존재한다. 성격상 너무나 일반적이고 모든 사람에게 제시된 어떤 명령은 개인적이고 구체적인 명령만큼 구속력이 없다는 사실이 우리에게 내재해 있다. 또한 만약 다른 사람들이 자기 몫을 다하지 않으면 우리 몫의 비난은 상대적으로 적다고 믿으려는 경향이 우리에게 잠재해 있다. 우리는 극심한 곤경에 처할 경우에는 순종이 절대적인 명령이 될 수 없다고 느낀다. 그리고 만약 우리가 기꺼이 최선을 다하고 있다면 이것이야말로 누군가 우리에게 요구할 수 있는 전부라고 생각한다.

형제자매들이여, 이것은 순종이 아니다! 이것은 최초의 제자들이 지상 위임명령을 받았던 당시의 정신이 아니다. 이것은 사랑하는 우리 주님과 함께 살아가고 싶어 하는 정신이 아니다. 우리는 각자 자기 자신에게 이렇게 말해야 한다. "비록 다른 사람들은 아무도 순종하지 않을지라도 나는 그리스도의 은혜로 말미암아 그리스도의 왕국을 위해 살아갈 수 있도록 나 자신과 내 생명을 모두 내어드릴 것이다!"

잠시 나 자신과 다른 모든 사람을 구분하여 예수님과 나 사이의 개인적인 관계에 대해 생각해보자. 당신은 그리스도의 몸을 구성하고 있는 지체인가? 그리스도께서는 모든 지체가 그분의 처분대로 따르고, 그분의 성령으로 말미암아 활력을 불어넣고, 그분의 목적에 따라 살아가기를 기대하고 계신다.

그것은 우리의 몸에서도 마찬가지다. 우리는 자기 몫을 다하는 각각의 지체를 얼마든지 의존할 수 있다는 확신 가운데 날마다 우리와 함께 모든 건강한 지체를 달고 다닌다. 우리 주님도 너무나 완벽하게 우리를 그분의 몸을 구성하는 지체로 만들어 놓으셨기 때문에 그분은 우리에게 이와 동일한 협력을 요구하고 기대하신다. 그리고 만약 우리가 진정으로 자기 자신을 그분께 내어드려왔다면 그분의 뜻을 알고 행하는 것 이외에는 다른 어떤 것도 생각해서는 안 된다고 말씀하신다.

요한복음 15장에 나오는 포도나무와 가지의 비유를 다시 한 번 생각해보라. 가지는 포도나무와 똑같은 한 가지 존재 목적, 곧 열매를 맺는 목적이 있다. 만약 내가 진정으로 그리스도라는 포도나무의 가지라면 그분의 목적과 마찬가지로 내 목적도 역시 열매를 맺는 것, 곧 사람들의 구원을 위해 살아가고 일하는 것이어야 한다.

또 다른 비유를 한 번 살펴보자. 그리스도께서는 그분의 피로 나를 사셨다. 힘으로 정복하거나 돈으로 산 어떤 노예도 그리스도의 피로 구속하여 되찾은 내 영혼만큼 그토록 철저하게 자기 주인의 재산일 수 없다. 내 영혼은 사랑으로 말미암아 그분께 완전히 내어드린 것이며 그분께 철저히 묶여 있다. 내 영혼은 그분의 재산이다. 왜냐하면 오직 그분만이 자기가 기뻐하시는 대로 내 영혼과 관계를 맺을 수 있기 때문이다. 그리스도께서는 신적인 권리를 활용하여 내 영혼을 요구하며 무한한 능력으로 성령을 통해 일하신다. 그러면 나는 오직 그분의 나라와 섬김을 위해 살아가는 데 전적으로 동의하게 된다. 이것이 내 기쁨이자 영광이다.

그것이 좀 달라질 때가 있다. 이것을 좀 더 구체적으로 설명하기 위해 어떤 사람이 다른 사람에게 자기 돈이나 섬김을 제공하는 방법에 주목하기 바란다. 오래 전에 한때 장사를 잘해 많은 돈을 벌어들인 종이 있었다. 그는 성실하고 정직하였으며 주인을 위해 최선의 헌신을 다했다. 그는 장사해서 남긴 이윤을 한 푼도 속이지 않고 모두 주인의 금고에 갖다 넣었다. 이것을 어여삐 여긴 주인은 그 종에게 자유를 주었다. 그 종은 이제 자신이 원하는 어느 곳에서 무엇을 하든 자신을 위해 살 권리가 생겼다.

세월이 흘러 그 주인은 가난해져서 이전의 종이었던 그 사람에게 도움을 청할 수밖에 없는 처지가 되었다. 그 종이었던 사람은 성실하고 유능해서 순식간에 많은 돈을 모을 수가 있었다. 그 종은 친절하고 관대했다. 그래서 자신에게 도움을 청하러 온 그 주인에게 감사한 마음으로 자신이 할 수 있는 최선을 다해 보답했다.

당신은 이 사람이 노예였을 때와 자유인이 되었을 때 자신이 소유한 돈과 섬김을 어떻게 사용했는지 차이를 알겠는가? 종이었을 때 그 사람이 소유한 모든 것은 주인의 것이었다. 그래서 좋든 싫든 간에 그 사람은 모든 것을 주인에게 예속시켜야 했다. 그러나 자유인이 되었을 때 이 사람은 자신의 의지대로 자신이 소유한 모든 것, 물질이나 섬김 등을 사용할 수 있었다.

그렇다면 우리는 과연 어떤 방식으로 예수님께 자신을 내어드려야 할까? 나는 많은 사람들이 마치 자기가 원하는 만큼만 내어드릴 수 있는 자유를 소유한 것처럼 드리고 있지 않을까 생각한다. 그 사람들은 스스로 생각에 자기가 할 수 있는 것만 내어드린다. 이제 예수 그리스도의 보혈로 산 바 된 성도는 자신이 구속적인 사랑의 종이라는 사실을 알고서 기뻐한다. 그 성도는 주인의 발 앞에 자신이 소유한 모든 것을 내려놓는다.

제자들이 왜 그토록 쉽게 온 마음을 다해 지상 위임명령을 받아들였는지 의아하게 생각한 적이 있는가? 제자들은 갈보리에서 새로워졌으며 거기에서 예수님의 피를 목격하였다. 제자들은 부활하신 주님을 만났으며 바로 그분이 제자들에게 성령을 불어넣어주셨다. 40일 동안 "예수께서… 택하신 사도들에게 성령으로 명하시고"(행 1:1-2).

예수님은 제자들의 구원자, 스승, 친구, 그리고 주님이셨다. 제자들은 단지 순종하는 일밖에 달리 할 수 있는 일이 없었다. 우리도 역시 그분의 발 앞에 엎드려 성령께 우리 자신을 완전히 내어드리자. 예수님이 그분의 강력한 요구를 드러내며 말씀하실 수 있도록. 그러면 우리는 주저 없이 온 마음을 다해 유일한 삶의 목적으로써 이 명령을 받아들이게 될 것이다. 천하 만민에게 복음을 전파하자!

예수님의 처분대로 완전히 당신을 맡겨라

예수 그리스도의 마지막 지상 위임명령은 너무나 두드러지게 해외 선교와 관련하여 우리를 촉구해왔기 때문에 수많은 사람들이 단지 해외 선교에만 이 명령을 국한하는 경향이 있다. 이 것은 심각한 실수이다. "그러므로 너희는 가서 모든 민족을 제 자로 삼아…. 내가 너희에게 분부한 모든 것을 가르쳐 지키게 하라"(마 28:19-20)는 주님의 말씀은 우리에게 무엇을 삶의 목 표로 삼아야 하는지를 말해준다. 우리의 목표는 바로 모든 사 람을 참된 주님의 제자로 삼아 온갖 그리스도의 뜻을 따라 거룩 하게 순종하면서 살아가도록 하는 것이다.

우리가 그 명령을 완전히 수행했다고 말할 수 있기 전까지 교회들과 소위 기독교 공동체들 안에서 이루어져야 하는 일이 많다는 사실이 얼마나 놀라운가! 그리고 교회 안에 있는 모든 성도가 바로 이 과업이야말로 유일한 존재 목적임을 깨닫는 것 이 얼마나 절실한가! 천하 만민에게 완전히 복음을 전하는 것, 이것이 바로 우리의 사명이다. 이것은 모든 구속된 영혼의 열 정이어야 한다. 오직 이것만이 당신 안에 자리 잡고 있는 그리 스도의 성령, 그리스도의 형상, 그리스도의 삶이다.

만약 교회가 성령의 권능을 의지하여 전파해야 하는 한 가지 가 있다면 그것은 하나님의 모든 자녀가 이 과업에 동참해야 할 뿐만 아니라 우리를 인도하고 사용할 주인이신 예수님께 자신 을 내어드려야 하는 절대적이고 즉각적인 임무이다. 그러므로 나는 완전한 순종을 서약하는 모든 독자에게 이렇게 묻고 싶다. 만약 지금까지 그렇게 서약하지 않았다면 과연 우리가 감히 자기 자신을 참된 그리스도인이라고 말할 수 있겠는가? 즉시 그리스도의 처분대로 당신 자신을 완전히 내맡기기 바란다.

천하 만민에게 복음을 전파하라는 이 마지막 명령은 "네 마음을 다하며 목숨을 다하며 힘을 다하며 뜻을 다하여 주 너의 하나님을 사랑하고"(눅 10:27)라는 하나님의 가장 크고 첫째 되는 명령만큼이나 구속력을 지닌 것이다. 당신의 과업이 무엇인지를 깨닫기 전에, 그리고 당신이 어떤 특별한 일을 향한 어떤 특별한 갈망, 부르심, 또는 능력이 있다고 느끼기 전에 만약 당신이 기꺼이 그 명령을 받아들이려 한다면 그분의 처분대로 당신 자신을 완전히 내어맡겨야 한다.

당신을 훈련하고 인도하고 사용하는 것은 주인으로서 예수님의 약속이다. 그러니 두려워하지 마라. 당신 자신의 의지와 위안을 가장 우선하는 이기적인 신앙에서 벗어나라. 당신으로 하여금 오직 꼭 필요하다고 생각하는 것만 그리스도께 내어드리도록 하는 편협한 신앙에서 벗어나라. 주님으로 하여금 당신을 완전히 소유할 수 있다는 사실을 알게 하라. 주님의 일을 섬기기 위한 자원봉사자로서 지금 그분께 당신 자신을 등록하라.

비록 해외 선교사역에 자기 자신을 내어드리는 것일지라도 그리스도의 부르심에 순종해야 한다. "만약 그것이 하나님의 뜻이라면 해외 선교사가 되는 것이 내 인생의 목표이자 소원이야"라는 단순한 이 고백이 수많은 영혼들의 삶에 이루 다 헤아릴 수 없는 엄청난 축복을 가져다줄 것이다. 그것은 수많은 사람들로 하여금 지상 위임명령에 순종하도록 도와줄 것이며, 그 사람들의 삶에 중대한 이정표가 될 것이다. 한 사람의 순종함으로 인해 다른 나라에 있는 수많은 사람들의 삶이 얼마나 많이 바뀌었으며 축복을 받았는지에 관해서는 오직 영원한 천국에서만 정확히 알 수 있을 것이다.

한편 결코 해외로 떠날 수 없다고 생각하거나 주님의 뜻을 전혀 물어보지 않았기에 그렇게 할 수 없다고 생각하는 일부 성도들은 단순히 다음과 같이 결단하지 않았기에 무수히 많은 축복을 놓치는 것이다. "하나님의 은혜로 말미암아 나는 그리스도의 왕국을 섬기기 위해 내 삶을 완전히 헌신합니다!"

적어도 겉으로 보기에 집과 친구들을 떠나 해외로 나가는 것은 종종 그리스도의 일을 위해 헌신한 사람들이 자기 자신에게 익숙한 것들과 과감히 헤어질 수 있도록 커다란 도움을 준다. 그러나 본국에서 사역하는 헌신자는 계속해서 자신의 부르심에 순종할 수 있으면서도 적어도 겉으로는 아무런 이별의 아픔을 겪을 필요 없이 꾸준히 그 길로 나아갈 수 있다. 그렇기에 그리스도의 순종학교에 입학한 당신은 마지막이자 가장 커다란 계명을 잘 연구하기 바란다. 온 마음을 다해 지상 위임명령을 받아들이기 바란다. 그리스도의 처분대로 당신 자신을 완전히 맡겨 드리기 바란다.

순종의 서약에 따라 즉시 행동하라

당신이 어떤 환경에 처해 있든지 간에 하나님께로 돌이킬 수 있는 영혼들과 쉽게 손길이 닿는 곳에 머물러 있다면 그것은 굉장한 특권이다. 그리고 당신을 둘러싼 온 사방에는 당신의 도움을 요청할 뿐만 아니라 오히려 당신에게 사역을 제공하는 무수히 많은 기독교사역 단체들이 있다. 하나님을 섬기도록 그리스도께서 핏값으로 산 존재로서, 그리고 성령께서 그분의 섭리에 따라 축복하시는 존재로서 당신 자신을 바라보기 바란다.

온 세상을 다시금 하나님께로 되돌려 드리는 위대한 일에 동참하라는 당신의 인생을 향한 부르심에 겸허하지만 담대하게 순종하기 바란다. 당신이 하나님의 인도하심을 따라 이미 활동 중인 수많은 선교 단체 가운데 하나에 동참하든 아니면 훨씬 더 독립적인 길을 걸어가든지 간에 그것을 당신 교회의, 공동체의, 당신 자신의 일이 아니라 주님의 일로 바라보아야 한다는 사실을 기억하기 바란다.

그리고 항상 사도 바울의 가르침을 기억하기 바란다. "무슨 일을 하든지 마음을 다하여 주께 하듯 하고 사람에게 하듯 하지 말라"(골 3:23). 당신은 명령을 받아서 단순히 그것을 수행하는 종일뿐이다. 그러면 이 사역이 당신 자신과 당신이 그리스도와 함께 나누는 교제 사이에 끼어들지 않을 것이다. 오히려 그것이 당신과 그리스도, 그분의 능력, 그리고 그분의 인정을 불가분 연결시켜줄 것이다.

우리 사역의 인간적인 부분에 너무나 몰두한 나머지 그 일의 영적인 특성과 하나님의 초자연적인 능력의 필요성에 관한 시선을 놓치기란 매우 쉽다. 우리가 예수님께만 초점을 맞출 때 그분의 일은 천상의 기쁨과 소망으로 우리를 가득 채워줄 것이다. 그렇기에 우리는 보좌에 앉으신 우리의 주인, 우리의 왕에게 시선을 고정시켜야 한다.

예수 그리스도께서 명령을 내리시면서 제자들을 온 세상이라는 거대한 들판으로 내보낼 때 그분은 먼저 보좌에 앉은 그분 자신에게로 제자들의 시선을 이끄셨다. "하늘과 땅의 모든 권세를 내게 주셨으니"(마 28:18). 우리로 하여금 그리스도의 충분하고도 거룩한 능력을 확신하게 하는 것은 보좌에 앉으신 그리스도를 바라보는 비전과 믿음이다. 명령 자체가 아니라 살아계시고 전능하신 영광의 주님께 순종하는 것이다. 그분을 믿는 믿음이 당신에게 천국의 능력을 허락할 것이다.

모든 민족으로 제자를 삼으라는 명령 다음에는 이런 말씀이 뒤따른다. "하늘과 땅의 모든 권세를 내게 주셨으니." 우리에게는 보좌에 앉아계신 그리스도께서 필요할 뿐만 아니라 우리를 위해, 그리고 우리를 통해 일하고 계시는 그분의 내주하시는 임재도 역시 필요하다. 하늘에 계신 그리스도의 능력, 이 땅 위에 계신 그리스도의 임재, 이 두 기둥 사이에는 교회가 온 세상의 통치로 들어가는 관문이 놓여 있다. 우리 각자는 예수님을 따라가야 하며, 예수님으로부터 그 사역에서 우리의 몫에 관해 우리에게 내리시는 명령을 받아야 한다. 그리고 전적으로 예수님의 뜻과 사역만을 위해 살아가겠다고 약속하는 순종의 서약을 해야 한다.

그와 같은 시작은 멋진 훈련시간이 되어 예수님의 인도하심을 충분히 알고 따르도록 준비시킬 것이다. 만약 잃어버린 채로 죽어가는 수많은 이방인들을 위한 예수님의 간청하는 부르심이 우리에게 다가온다면 기꺼이 나아갈 준비를 해두라. 만약 예수님의 섭리를 통해 우리가 나가는 것이 허락되지 않는다면 마치 외국으로 나가는 것과 마찬가지로 본국에서 철저하고 강력하게 헌신하자. 그곳이 해외든 본국이든 간에 만약 순종하는 사람들의 줄이 충분히 가득 채워진다면 그리스도께서는 그분의 마음에 품은 소원과 그분의 영광스러운 명령을 각자 마음껏 품도록 하실 것이다. 그리하여 복음이 천하 만민에게 전파되는 것을 성취하는 모습을 지켜보실 것이다!

복된 하나님의 아들이시여, 제가 여기 있나이다!
당신의 은혜로 말미암아 저는 당신의 마지막
지상 위임명령을 수행하는 일에 제 삶을 드립니다.
제 마음이 당신의 마음이 되게 하옵소서.
저의 연약함이 당신의 강함이 되게 하옵소서.
예수님의 이름으로 완전하고도
영속적인 순종을 서약하나이다. 아멘!